U0014913

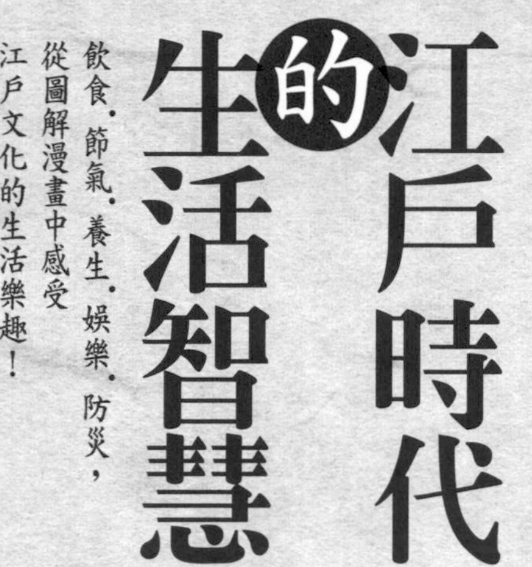

江戶時代的生活智慧

飲食．節氣．養生．娛樂．防災，從圖解漫畫中感受江戶文化的生活樂趣！

作者 坂野鈴子 知名寫作漫畫家

監修 西田知己 江戶文化研究家

譯者 邱香凝

[前言]

用漫畫帶你享受江戶智慧的生活樂趣

本書原書名中的「江戶智慧」，指的是日本江戶時代（編按：西元一六〇三至一八六七年）的生活智慧。

說到江戶時代的生活智慧，大家都抱持著什麼樣的印象呢？

是想到善於運用大自然、不浪費的智慧嗎？

還是……

認為那都是些過時又派不上用場的智慧？

唷

我沒辦法……!!

我無法想像沒有冷氣的生活，

不可能……不可能呀!!!

實際嘗試過後，其實兩種認知都存在著。

所以，本書中只以具有效果的、或是有趣、令人驚訝的方法，作為內容中心進行介紹。

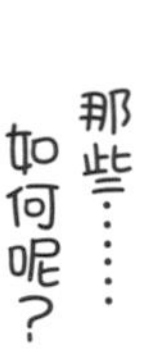

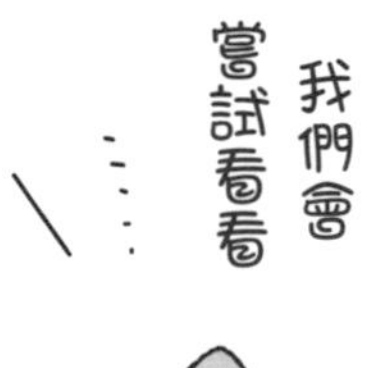

不過，我們實際嘗試江戶時的生活智慧後，最主要的心得——就是其中有許多方法是只要學會了，就能在生活中不時地派上用場喔！

在日常生活中，徹底善用周遭的物品，沒有絲毫浪費。同時還能享受講究小細節過生活的樂趣。

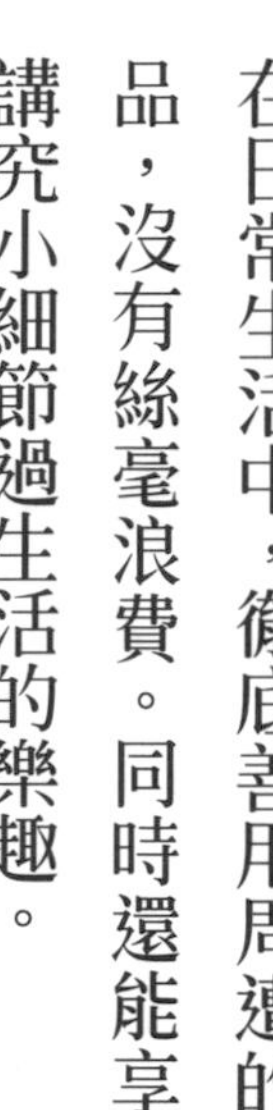

本書特別用漫畫的方式呈現，便是希望能讓讀者更容易閱讀、毫無負擔的了解。

如果在其中發現「這個似乎可以一試」的方法，請您務必親自嘗試看看喔！

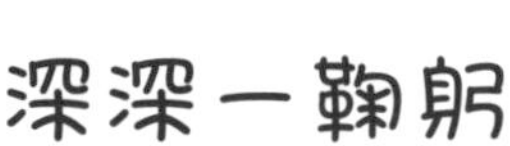

目錄

第二章

學江戶人們，這樣利用食物的力量

第三章

度過夏冬、預防災害的生活智慧

第四章

暢銷三百年的健康書，江戶時代的養生法

番外篇 江戶時代的生活樂趣，從穿著到魔術

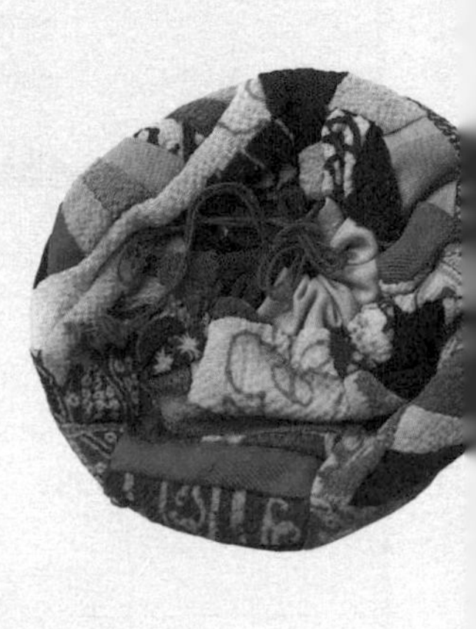
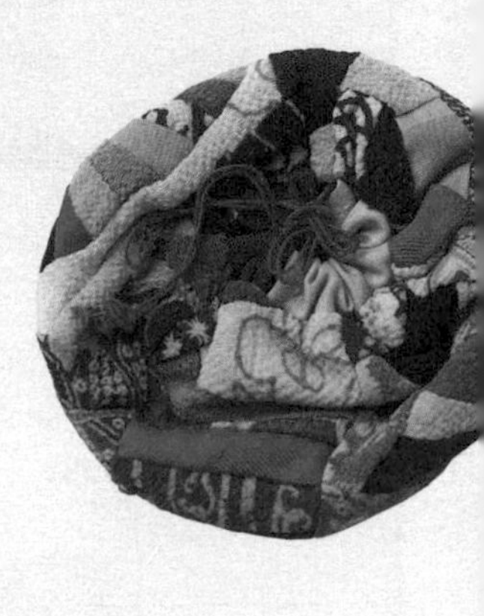

江戶智慧真了不起！

ガッ：喀答

*編按：漫畫中以貓造型登場的人物名。

……唉呀……
對不起！我會賠償的！
不，賠償就不用了。
爽朗
咦……可是，紅酒的汙漬……
不好意思！請給我鹽巴和氣泡水！
鹽巴？氣泡水……？
塗塗抹抹
先沾上相當大量的鹽巴……
再用氣泡水沾溼擦手巾，輕輕地拍打……

*編按:漫畫中以兔子造型登場的人物名。

キラキラ：閃閃發亮

真……真的太帥了!!

キラ キラ

是嗎？

還有沒有其他的方法？

嗯……我想想看喔……

啊！

有了、有了！

有一位老師懂得很多這類知識喔！

既然提起他了……

啊——喂喂？老師嗎～？

跟老師講好了！

迅速

真快!!

妳手腳真俐落啊！

兔兔子工作處——中經出版社

ドンドンドン：咚咚咚
ドッドッドッドッ
……請問……
……
請問，我到底該說些什麼好呢？
……
我忘記跟老師說明了。
耶嘿
ゴゴゴ：喔喔喔
妳這個兔兔子!!
很尷尬耶！
哇——
這個人是誰啊～!!!

這位是江戶研究家——西田知己老師。

江戶研究家……？

我是西田。妳好。

大家都稱他是江戶智慧的達人喔！

江戶智慧？

所謂的江戶智慧，可說是日本人民自古以來，活用於生活中的各種智慧。

其中有許多智慧，不僅環保，也很實用。即使在現代社會中，依然能夠加以運用喔！

可是，總覺得好像很多都派不上用場……

嗯……

畢竟，江戶給人的印象很古老了……

什麼！

看來得舉出具體的例子才行，否則不容易讓妳明白呢！

快逃—

別跑—

那麼，就讓我用最近的資料來說明吧！
微笑

二〇一一年的東日本大地震*，海嘯襲擊了日本，妳們還記得吧！
是
當時，發現了一件非常驚人的事實。
仙台平原*的海嘯浸水區域，
在進入江戶時代建造的街道及市區前，就已經停止了。
增田宿
岩沼宿
咦咦!!
從前的人已經知道，海嘯不會侵入那裡嗎？
畢竟住在日本，就不可能——
完全不遭遇天災
應該是如此。據說有些地區，是根據昭和時代*就存在的「再往前不可蓋房子」的石碑警示，才因而得救。
這個，即使在東京也不例外喔！
首先請看看這個
東京地圖？

*編按：日本2011年3月11日發生的東北太平洋近海地震，引發海嘯造成大規模災害。
*編按：日本東北地方最大的平原。
*編按：西元1926～1989年。

どーん：請看

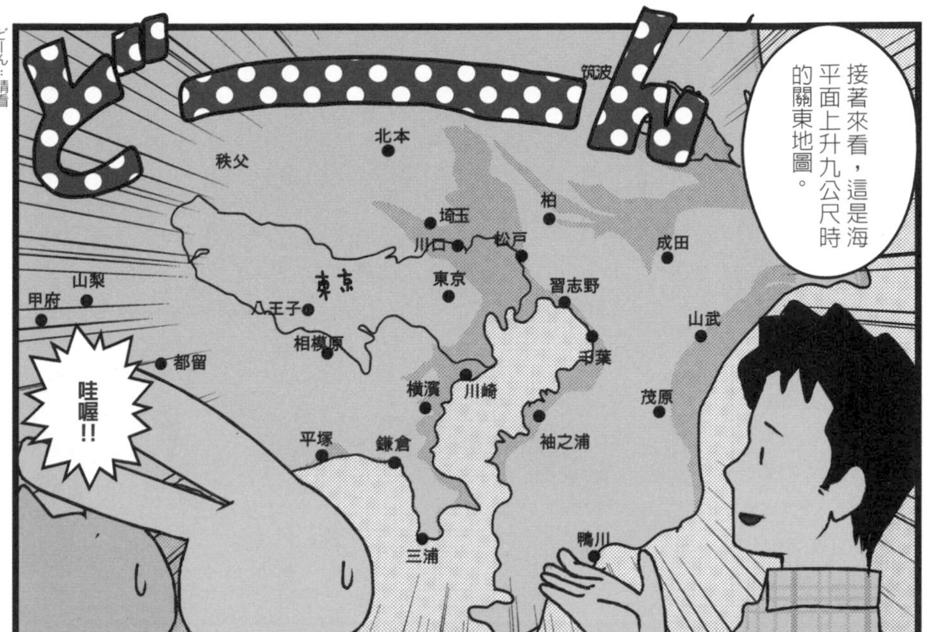

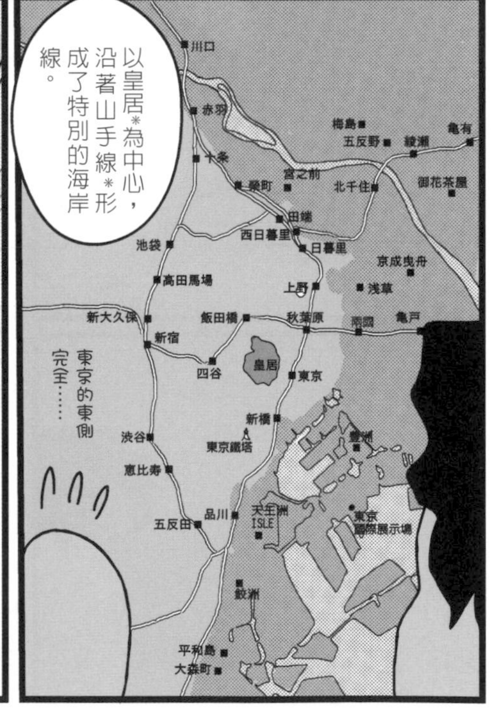

*編按：日本天皇居住的宮殿。
*編按：山手線為環狀運轉的通勤鐵道，路線約為品川→東京→上野→池袋→新宿→五反田。
*編按：江戶時代進入明治時代的轉折期。

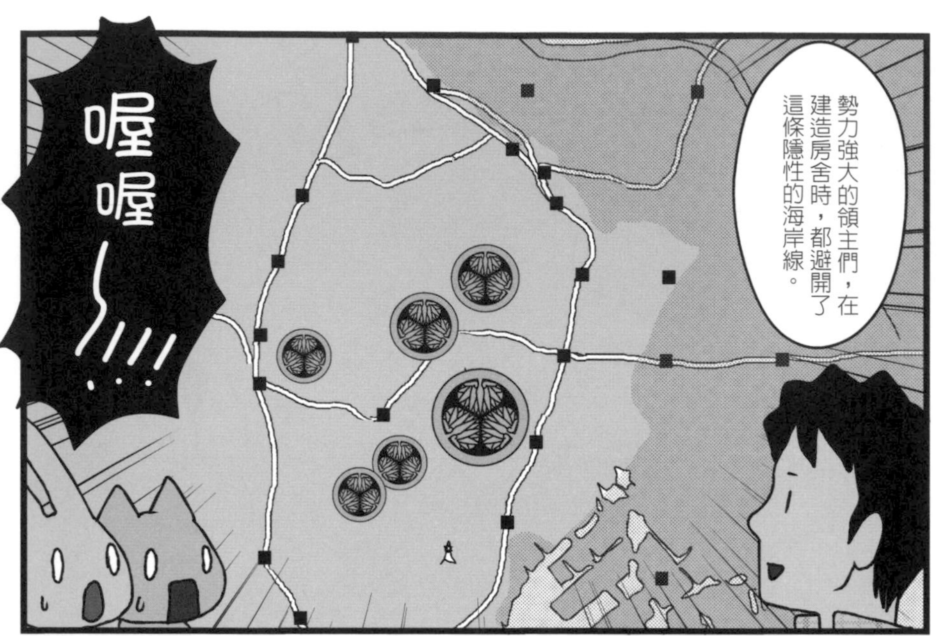

勢力強大的領主們，在建造房舍時，都避開了這條隱性的海岸線。
喔喔～！！！

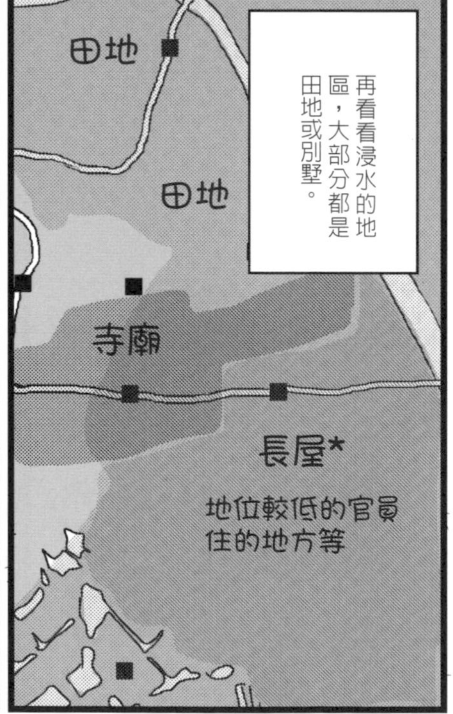

再看看浸水的地區，大部分都是田地或別墅。
田地
田地
寺廟
長屋*
地位較低的官員住的地方等

的確，看看這些浸水區域，至今依然有很多地方給人的印象還是位處低地的工商業區呢！
應該就是江戶時代的影響吧！
像是江東區、台東區*那一帶，特別明顯。

正因如此，才會有人提倡可以看江戶的古地圖決定自己住哪裡*。
原來如此……！
如果長久以來，都被當成住宅區使用，自然就能放心去住。

*編按：平民的租屋。
*編按：均是日本東京都特別區。
*《該住東京哪裡才幸福》／山崎 隆（講談社出版）

就像這樣，自古流傳的許多東西，也有很多是出乎意料、不容小覷的呢！許多智慧即使到了現代，依然能夠適用。
而我們就將它們，總稱為江戶智慧。

這麼說來，我曾經聽住在市區裡的人這麼說過——
往北!!
是住在足立區*的人
地震來時，最好就往埼玉方向*避難對吧！
其實，最好往市區方向避難比較好喔！
不是往北，而是往西南方。
遇到海嘯時也是這樣喔！
雖然，也可能遇上火災和山崩，所以不能一概而論。
喔喔——！

聽起來好像真的很厲害耶!!

還有嗎？還有嗎？
呀
呀
趁三毛子還沒聽膩，老師，下一個！
快快
是⋯

*編按：可參照P.19地圖。
*編按：東京都北部。

買房前、安心居，就需要——土地智慧

想知道自己住的地區過去是什麼樣的地方，建議可以拿起古地圖確認。住在大都會圈內的人，只要上網檢索都可以簡單找出地圖閱覽。另外，使用「Google地球」（編按：由Google公司開發的虛擬地球儀軟體），還能拿幕府末期的江戶地圖和現代地圖重疊比較。

消防署或圖書館等地方也提供古地圖的閱覽服務，想了解自己居住區域的古地圖，可以洽詢當地的行政機關。

確認古地圖時的注意重點

若是江戶時代屬於市街或武士家屋的地區，大致上可以放心。

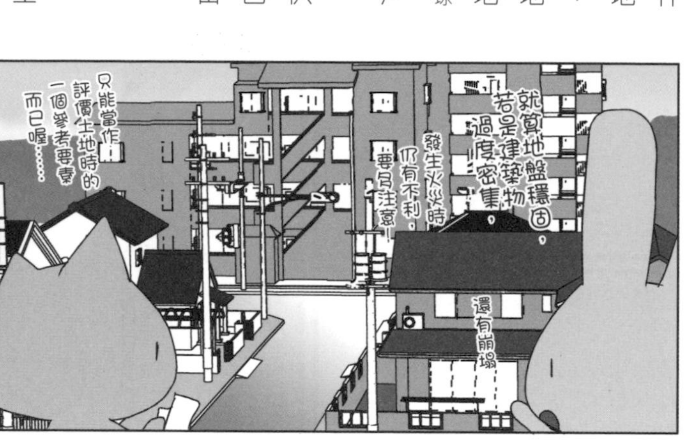

相反地，當時若屬於海邊、河川或沼地、田地，地盤狀態或許會比其他地方還要脆弱。現代公寓建設時，幾乎都會公開地盤調查的結果，可以確認看看。

地名裡暗藏著提示

再來，像是地名裡有「沼」或「江」等和水有關的地方，過去

就很可能是沼地或海邊。

以下介紹幾個和水有關的代表性地名：

「池袋」表示「袋狀窪地」；

「下北澤」也就是「北邊的澤地」；

「水戶」說的則是「水門」的意思；

「近江」表示「大片的海」。

除此之外，還有川口、寢屋川、白河、河內、綾瀨、沼袋等都是。另外，像是「濱」、「磯」、「潟」、「江」、「浦」、「崎」等都是和「海」有關的字彙。

在給人強烈濱海印象的神奈川縣，就有「橫濱」、「川崎」、「江之島」等許多使用這類字彙的地名。

選擇居住地，哪種地名才好？

以「山」、「丘」、「台」、「高」、「林」等字彙命名的地名，顯示該地區原本極有可能是高地、台地，可以放心居住。

不過，要特別注意鑿山開墾出的土地。因為新開發的土地地盤脆弱，就算地名是「○○台」也不可掉以輕心，最好先參照古地圖，仔細檢查地形是否經過大幅變動吧！

公寓等建案宣傳中，不是常見「地基深度地下○公尺!!」等廣告文案嗎？
換句話說，那就表示——
驚——!!
必須將地基打得這麼深，否則無法穩固吧！
咦咦——!! 我本來還以為「有這麼深的地基就能安心了」，而覺得很佩服呢！

災害發生時，江戶人怎麼辦？

比起現代，江戶時代的火災或水災更容易造成莫大災害，也因此當時的人們得用盡智慧，挖空心思、思考因應對策。

在漫畫說明中，我們會介紹在現代社會也派得上用場的實用部分。另一方面，在這個專欄裡，則和大家分享一些小知識與大智慧，讓大家知道江戶時代的人們，實際上過著什麼樣的生活，用什麼樣的方式思考。

地震搖晃時，小心頭頂

遇到地震時，你的目光會望向哪裡？是朝搖晃的腳邊看呢？還是尋找躲藏的地方？

從江戶時代描繪地震的畫中看來，逃難的人們經常仰望上方，可對照左頁上圖的畫就可得知。對江戶時代的人們而言，地震時第一個擔心的就是建築物遭到破壞，梁柱牆壁倒塌，或是屋瓦掉落等情形。

重建迅速

江戶時代的城市遇到地震或火災時，重建的速度迅速得驚人。

從關東附近找來的木匠、或被稱為「仕事師」的勞動者，能在短時間內完成重建工作。

因地震而受到掩埋的水井，則找來掘井業者挖開石塊瓦礫，或是討論重建一口新井的可能性。

被海嘯或水災沖走的橋，同樣快速地重新架設。雖然木橋沒有石橋堅固，也容易被水沖走，但相對的是能夠迅速完成架設。另外，在某種程度上，重建對很多人來說也被視為工作機會。

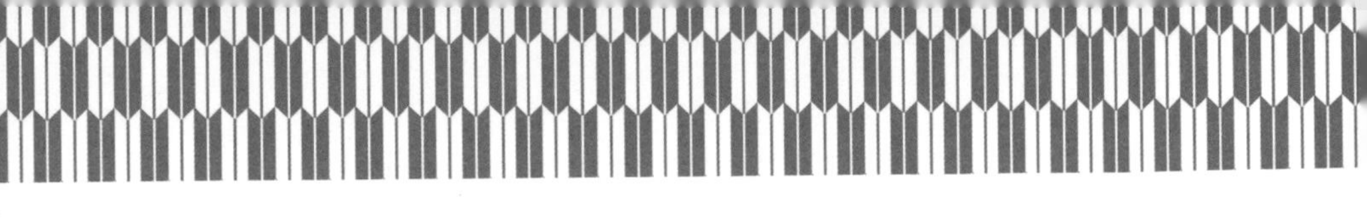

畫中描繪因地震而傾倒的民房、從屋頂上掉落的屋瓦，以及逃難的人們。雖然是想像畫，卻相當逼真——《永代大雜書萬曆大成》。

畫面中間木匠手中所持彎曲的工具稱為「手斧」。坐在後方的人正用木槌敲打，調整斧刃——《算法圖解大全》。

鹽巴具有吸收水分的效果。
絲質衣物雖然不行，但像是地毯等材質也OK喔！
從以前就被活用，作為去除衣物上的汙漬喔！
這樣啊——

第1章

每天必需品——水與米，江戶人活用於食衣住

江戶之六上水、神田上水、玉川上水、本所上水、青山上水、三田上水、千川上水

最厲害的，在於「上水」是從池塘裡接管引水；「下水」則是讓水沿溝流入河川。
池塘
利用土地的高低差
這和現代的上下水道觀念是一樣的。
水溝

不過，自從懂得使用氯來消毒後，平均壽命延長許多。可見當時的水，應該比現在還要髒上不少吧！
那是大正時代*的事了
氯*！

本來對氯只有不好的印象……
沒想到竟然是這麼重要的東西啊！
很臭
對肌膚不好
化學物質
異位性皮膚炎的大敵
破壞內臟

當然，並不是什麼都是古老的東西就比較好。
只是，若從歷史上看來確實有效的話，我認為那就是很偉大的智慧了。

好了，言歸正傳，談談江戶時代的智慧吧！
嗯嗯
因為從井裡打水，是很耗費體力的勞動，所以，水對當時的人來說，是很珍貴的東西。

*編按：可進行水質的殺菌消毒。

*編按：1912～1926年。

THE 江戶智慧
節約用水的技巧
正因如此，人們實踐了很多節約用水的技巧。
用一盆水洗淨全身的方法
嘩啦——
①首先是洗臉
②接著用擦手巾沾水擦拭身體
③最後浸泡身體
把米糠放進布袋裡充當肥皂
如何清洗餐具
飯後，把茶倒進餐具裡，可順便洗淨餐具。
飲盡——
江戶時代就這樣把茶喝掉
餐具不必再洗，直接收起來。
刷——
呼呼
嘐
熱水袋裡的熱水隔天早晨用來洗臉
江戶時代的熱水袋主要是用陶器做的
溫溫的!!
還有點
嘩啦——
剩下的洗澡水——
灑水時，基本上都使用剩下的水
打掃後剩下的髒水——
哇喔！

當然，按照現代的生活習慣，不清洗餐具是不可能的事。
但像是把熱水留下備用，或是先浸泡後清洗等，光是做到這樣，就能節省相當程度的用水了。
還有！
!

把留下的水換成洗米水，還能將餐具洗得更乾淨喔！
鏘

我每天都一滴不留的倒掉……！
一臉權威
不知者無罪！
哼！

洗米水可是萬能的呢～
嗯嗯
很好!!
老師！接下來就麻煩您說明洗米水吧！拜託囉！
……好。
………

古代和現代都應該重視的水智慧

水，在人類生活中扮演非常重要的角色。

每個人平均一天的用量是三百公升。三百公升相當於兩千瓶一百五十毫升裝的寶特瓶！

其中，八十四公升（二八％）是廁所用水；而七十四公升（二四％）用在洗澡；六十九公升（二三％）用在炊事；四十八公升（一六％）用在洗衣。

用在飲食的水量僅有小部分，大部分的水都只是用來去除各種髒汙。因此，讓我們更妥善運用水資源吧！

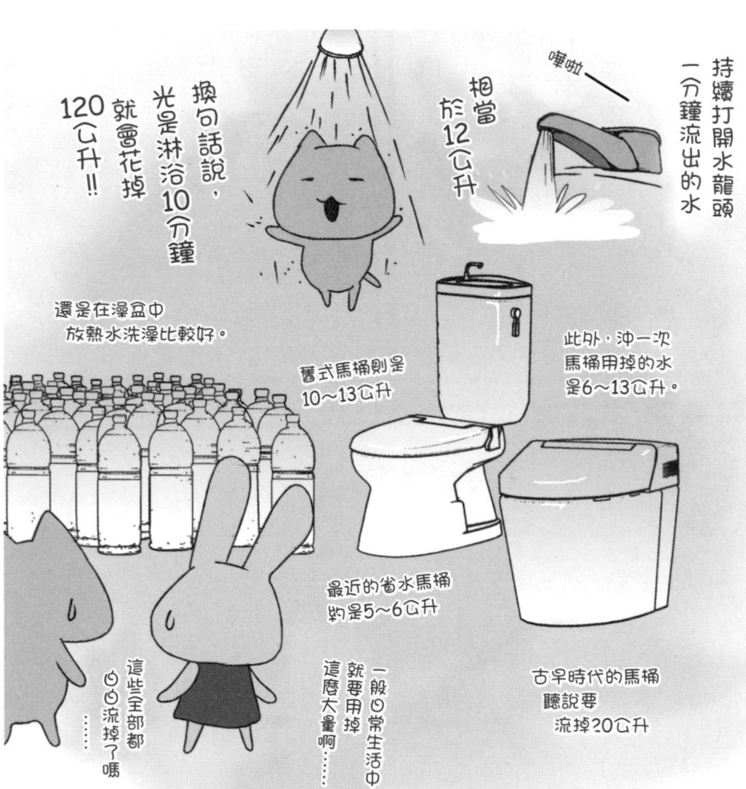

簡單省水的技巧

我們可以用泡澡的水洗衣服。此外，在浴缸裡放入幾瓶兩公升的寶特瓶，也能減少相當程度的用水量。

生活汙水（日常生活中的洗滌、盥洗造成的廢水）也很容易被忽略。當生活汙水愈髒時，為了淨化排水管道，就要花上更多的水。因此，可在清洗餐具前先用紙巾擦掉油汙，盡量減少洗潔劑的用量吧！

區分硬水與軟水的使用

水有兩種，一種是含有多量鈣和鎂等礦物質成分的「硬水」；一種則是礦物質含量較低的「軟水」。

日本除了沖繩等少數地區外，基本上都是軟水。軟水入口滑順，適合用來烹煮日式料理。尤其是用軟水炊煮的米飯，不但顆粒飽滿，口感更是柔軟細緻。

另一方面，硬水卻能補充人體容易缺乏的礦物質成分，能做出美味的義大利麵或西班牙燉飯等料理。用來沖泡咖啡，還能中和苦澀，讓咖啡喝來更順口。

此外，由於有消除便祕的效果，曾有一段時間很受減重中的女性喜愛。不過，硬水攝取過剩，會使得腸道中的鎂無法被身體吸收，反而引起腹瀉症狀。而太多的鈣質，則有可能導致腎結石等各種問題。

請在不過度攝取的情況下，視需要和場合善加區分、使用硬水和軟水吧！

珍惜使用的水資源

位於關西的京都，因為地下水豐沛，到處都有水井，而井深多半都相當深。相較之下，江戶（關東）的水質惡劣，就算挖掘了水井，也經常遇到無法飲用的情形。為了解決這個問題，江戶人從內陸地區引水，並連結各地只挖掘數公尺深的「上水井」。

對江戶人來說，水是無法大量使用的貴重資源。正因如此，江戶人必須費盡工夫，珍惜使用寶貴的水資源。

江戶人回家做的第一件事

冬天時我們常說：「勤洗手、多漱口。」可是在江戶時代之前的日本，比起洗手，更重視的是洗腳。當旅人投宿旅店之際，為了表示盛情款待，除了為旅人端上熱茶與菸盒之外，還會捧上一盆溫熱的洗腳水。這是因為洗腳能促進血液循環，具有消除疲勞的效果。

畢竟這個時代，人們腳下穿的是容易沾染灰塵、泥巴的草鞋，回家時第一件事——洗腳，說起來也是理所當然。日語中也因此衍生出以「洗腳」引申金盆洗手、改邪歸正的慣用句。

先洗臉還是先洗腳？

從當時的繪畫中，可看見人們偶而會在庭院中泡澡。清洗身體的方式，並不像現代人那樣淋浴，而是使用預先裝盛的水，非常環保。因此，如果現代人想要省水，最好在浴室準備澡盆，裝好水再洗也是一個不錯的方法。

關於洗澡，以前就流傳一個小故事。故事中的主角在洗澡時，總是從腳開始洗。可是，他的兒子卻說：「一般人都是從臉開始洗的吧！」惱羞成怒的他，幼稚地反駁：「你進澡盆時，還不是腳先踏進去！」從這個故事中可知，當時的人洗澡多半還是先從洗臉開始的。

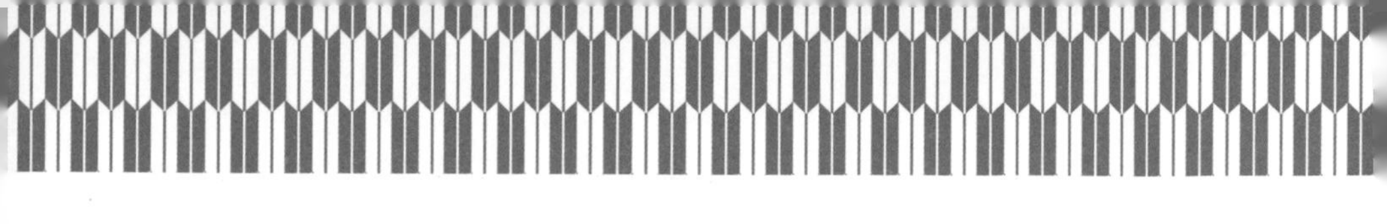

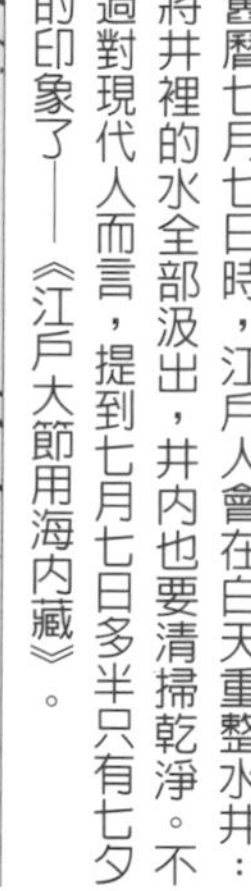

舊曆七月七日時，江戶人會在白天重整水井：將井裡的水全部汲出，井內也要清掃乾淨。不過對現代人而言，提到七月七日多半只有七夕的印象了——《江戶大節用海內藏》。

圖中描繪的，是甫抵達旅店的旅人，店家端出一盆洗腳水的情景。纏在膝蓋下方的是，能在行走時減緩足部疲勞的「腳絆」（譯按：類似綁腿）——《都會節用百家通》。

洗米水的活用法

接下來，談談洗米水吧！

老師！可是我記得江戶時代食用的糧食，多半不是小米就是雜穀耶！
飢腸
轆轆
而且感覺好像總是吃不飽！
斬釘截鐵
……這說法太極端了。

雖然，有很多種說法，不過，江戶人的主食其實還是白米喔！
而且一個人一天可以吃上五合＊！
還因為這樣導致維他命B1攝取不足，引發了腳氣病的流行。

炊飯的方式和現在一樣嗎？
分成兩種類——

＊編按：一合約為180公克。

一種稱為「炊干」*；
一種稱為「湯取」。
炊干和現代煮飯的方式相同。
湯取，則是東南亞常見的煮飯方式。
和煮麵的程序一樣
完成!!
①把米放進大量水中煮至沸騰後
②再用竹簍過篩
③放進鍋中蒸熟
煮出來的米飯口感偏硬具有黏性。
先開小火再轉大火。

江戶時代，人們也會像現在一樣淘米嗎？
當然囉！應該說，那個時代反而更講究淘米呢！

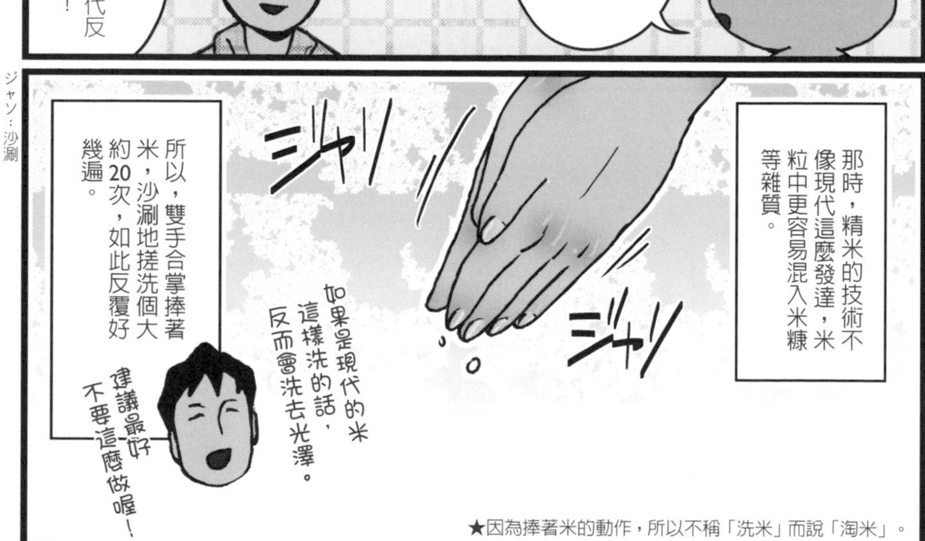

那時，精米的技術不像現代這麼發達，米粒中更容易混入米糠等雜質。
ジャリ
ジャリ
所以，雙手合掌捧著米，沙淵地搓洗個大約20次，如此反覆好幾遍。
如果是現代的米這樣洗的話，反而會洗去光澤。
建議最好不要這麼做喔！

ジャリ：沙淵

★因為捧著米的動作，所以不稱「洗米」而說「淘米」。

*編按：將洗好的米及適量水放入鍋中炊煮。

這麼一來，得到的洗米水，想必相當濃稠吧！
或許是這樣喔！
有時，洗米水甚至可能成為環境汙染的原因之一。
環保!!
現代的洗米水，有時還是會浮出一些髒東西，再利用前最好先把它們挑出來。
洗去餐具油汙！
吃咖哩的日子很適合喔♡
①將餐具泡在洗米水裡，能讓髒汙變得容易清洗。
②在洗米水中用洗碗海綿擦洗餐具，最後再用水沖淨。
③餐具洗乾淨了！
不需要
洗碗精
不要弄髒
只要這麼說，男人一定很欣賞！
大自然……
苦笑——
簡單吧！
露營時，使出這招，一定能成為迷人的女性。
妳這個人真是的……
還能用來擦拭木頭地板代替打蠟！
①將抹布浸泡在洗米水中，或是裝進噴霧器直接噴在地板上。
噗咻——
②擦拭地板
喔喔
③地板亮晶晶！
米糠的成分，能在地板上形成一層薄膜，讓地板具有光澤，閃閃發亮。
喔——！
不過有些季節這麼做，似乎也會導致發霉。
因為內含豐富營養嘛——

用來洗臉!!
①把稀釋過的洗米水裝在臉盆裡，直接拿來洗臉。
啦
嘩
②最後再用清水沖乾淨，使肌膚充滿光澤和彈性！
咕
溜
聽起來好像對皮膚很好呢！
好像很有效果呢～
或許不適合某些人的膚質，一開始請先在手臂內側試試看喔！

培育植物！
①直接澆在盆栽或花盆裡
②植物更有精神！
因為有許多養分啊！
這可真簡單！

烹飪時的準備工作
①將紅白蘿蔔和小芋頭放進洗米水中加熱。
②可以去除澀味和苦味，引出甘甜味。
也可以用在其他各式料理上唷！
下次燉東西時，可以試試看。

學會洗米水的各種用途後，接下來該前進米糠的江戶智慧囉！
咦咦!?
米糠？……怎麼難度突然提升這麼多？
米糠醃漬品不但味道重，又很麻煩……
啊……不是要談醃漬啦！
咦？

把要丟掉的東西，試著再次利用！

其實，除了前文漫畫中介紹過的洗米水之外，還有很多材料都能再次利用。只要懂得再次利用，將會成為很方便的資源，大家可以一起試試看！

只要多費一點小工夫
就能達成各種節約喔♡

蔬果切除的頭尾，清潔餐具有妙用

將水果和蔬菜的頭尾切除時，可以拿來清潔流理台，不但不會傷害不鏽鋼表面，還能讓流理台散發光澤。

其中，白蘿蔔的蒂頭，具有去除菜刀上油漬的效果，清洗菜刀前先拿刀刃在白蘿蔔的蒂頭上、劃兩下吧！

蘋果頭尾都有除臭效果，可放進冰箱試試看。

將柿子皮放進發黑的鐵鍋裡加水煮沸，髒汙的部分就可輕易去除了。同樣地，檸檬用在鋁鍋上也有一樣的效果。

蛋殼，對付難以清洗的地方

蛋殼，可用來洗淨難以清洗的細長瓶身內側或寶特瓶、食物處理機的內部。

首先，準備兩到三顆份量的蛋殼，剝除內側薄膜後、壓碎放進瓶子裡。加水並蓋上蓋子，再上下搖晃，就可去除瓶子內側的汙垢了。

清洗食物處理機的方式，則是將洗碗精和蛋殼碎片加水一起放進去攪拌。如此一來，就能將處理機內部的刃片清潔得亮晶晶。

另外，微波爐內外的清潔也都能利用蛋殼。用海綿沾取清潔劑，特別髒汙的地方放上蛋殼碎片刷洗，就連原本怎麼擦都擦不掉的頑垢也能去除。

蛋殼，具有研磨劑的效果。
沙沙
原本，清洗瓶子內側很麻煩的呢！
沙沙
用啤酒擦拭餐桌的油垢，一下就清潔溜溜。
烤焦的麵包＝木炭

菸屁股和菸灰，各有不同用處

剝開菸屁股，用紗布包住內容物後，沾水擦拭鏡子，可用來防止鏡子起霧。就是如此簡單！

另外，菸灰則可用來當作植物的肥料。

剩下的啤酒，別倒掉！

酒精具有分解油汙的效果。把沾了啤酒的抹布，用力擦拭烤箱或微波爐，便可分解、清潔上面的油垢了。

烤焦的麵包＝除臭劑

烤成焦炭的麵包，具有和木炭一樣的除臭效果。可以用紙包起來，放進冰箱。

洗米水也隨著時代改變

現代社會中，已經非常盛行不需要洗的「無洗米」（編按：白米洗淨無雜質、無米糠殘留）。雖然，淘米的機會比起從前減少許多，但是在調查江戶時代關於洗米水的種種智慧後，才發現洗米水真的能在很多地方派上用場呢！

只是，和過去時代不同，現在精米的技術提升許多，市售白米幾乎沒有殘留米糠。因此，對米糠成分的效果，最好不要抱持太大的期待，現在可多利用洗米水中含有的澱粉成分。

煮麵水用來洗頭？

煮完烏龍麵的熱水中，含有麵粉的澱粉質，而澱粉能吸收油脂，因此用煮麵水來清洗餐具，便能輕易去除油漬。此外，在江戶時代經常煮食烏龍麵的地區，女性們還會用烏龍麵的煮麵水洗頭髮，可說是便宜的洗髮精呢！

江戶時代的大胃王

江戶時代配菜的種類，雖不像現在這麼多，人們卻習慣食用相當大量的米飯。以用米來支付的武士薪餉（現在的薪資）計算，一個大男人一天的份量是五合（譯按：日本獨特的計量單位，一合約為一八〇公克）。換算成現代人使用的飯碗，三碗飯才差不多是一合，等於一天要吃十五碗飯。當然，不一定每天都吃那麼多，但由此可知，江戶時代的人們比現代人有更多機會活動身體，為了儲備體力，才需要吃這麼多。

此外，關於一天用餐的次數，對江戶初期的人來說，一天吃兩餐是理所當然的。到了元祿時期（一六八八至一七〇四年）之後，早晚兩餐加上午餐的一日三餐形式，才漸漸從都市流行到鄉間。從這時代開始，因照明器具發達的緣故，天黑後醒著的時間拉長，肚子當然也會跟著餓囉！

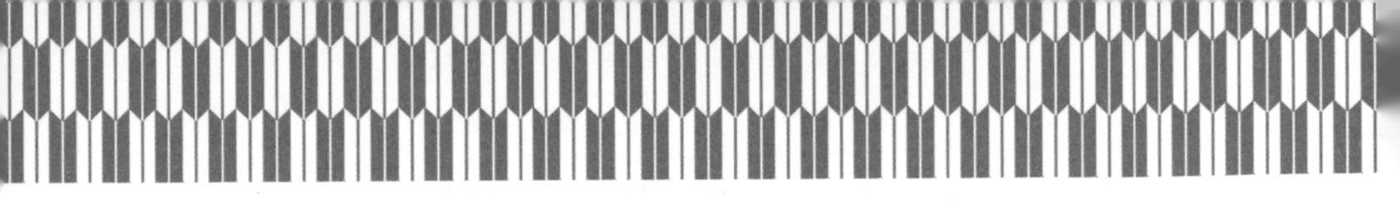

替牽牛花澆水中。能輕易種植在花盆或圍牆上的牽牛花，在江戶後期大為流行。觀賞用的園藝品種也陸續誕生──《繪本鏡百種》。

男性勞動者的午餐。腳邊的盒子裡裝滿了飯糰，旁邊還放了酒瓶，氣氛相當輕鬆──《雜書大全》。

攪拌
にっちゃにっちゃ
接下來談談米糠吧！
……這什麼啊！
可是，人家對米糠的印象就這樣啊！
我是搞不懂就是了
泡沫經濟時，不是有句罵人的話：「這女人臭得像米糠」嗎!!
泡沫經濟…？
現在就連米糠都很少見了呢……
話說回來，米糠到底是什麼啊？
我對它的印象只有拿來醃漬東西
得從這裡開始解釋啊……
米糠呢，就是精米過程中產生的雜質。
糙米
白米
光滑
米糠
皮糠
皮種
芽胚
等

米糠，含有具抗癌作用的植酸，以及能治療脂肪肝的成分——肌醇*等，都是很厲害的東西。
聽說，對治療憂鬱症也有不錯的效果。
咦—
而且含有豐富的礦物質。
江戶時代甚至因為流行以白米做為主食，使得維他命攝取不足，
造成江戶時代腳氣病大流行，這件事相當出名吧！
啊，那個我在連續劇裡看過！
《仁醫》!!

米糠因為含有豐富的油脂，能製成「米糠油」或其他加工品。

比方說肥皂的效果。

肥皂？

代替肥皂的米糠袋

①用木綿布縫一個袋子

剪下舊的手帕也可以

②將3～4碗米糠，放入袋中。

③將袋口綁緊，防止米糠掉出來。

如果覺得手縫很麻煩，也可以用茶包袋代替。

④將米糠袋浸在熱水裡，再輕柔地壓在臉上。

當時的澡堂，都會放置裝有米糠的盒子，可見這是相當普遍的作法。

從描繪澡堂的繪畫中，可以看到裝米糠的盒子。

「競細腰雪柳風呂」
明治元年・國立歷史民俗博物館藏

裝進像這樣的盒子裡

咦—

這麼說來，我很喜歡某品牌的自然系肥皂，

經常重複購買的洗面皂成分，就是米糠呢！

我想起來了

LUSH
FRESH HANDMADE

直到現在還被活用於各種場合啊！

洗完之後皮膚滑嫩又清爽！

*編按：水溶性營養素，屬於維生素B群的一種。

我會自己在家精米，不嫌棄的話，請拿去用吧～
喔喔！
這是我第一次看到米糠！
去
妳在做什麼？
乾炒米糠。
打擾了～
因為米糠非常容易氧化，所以拿到新鮮的米糠後，請先用平底鍋乾炒過一次。
只要炒一至二分鐘，注意不要炒焦。炒過之後，就等待冷卻吧！
完成了！
如此一來，放在冰箱裡即可保存一至二星期。
順便請問，這種狀態的米糠能用來製作糠漬物嗎？
這次，只做了簡單的東西。
當然可以用來製作，不過醃漬後，還需要熟成三至四個月，和製作醃漬物的人分一點米糠來用，或是用市面現成的糠床，會輕鬆許多。
用米糠擁有美麗腳跟
①用上頁教學的米糠袋，按摩腳跟。
②腳跟會變得光滑細緻。
平常使用輕石※容易過度摩擦，使用米糠袋對皮膚較溫和。
畢竟三毛子的腳跟粗糙得根本像是怪獸一樣……
這樣啊！
你少囉唆！
還能當有機肥料
①撒在土上，仔細攪拌混合。
②可以防止土壤的養分流失。
對了一
聽說用水溶解後，撒在土壤上，也會有除草劑的效果呢！

*編按：多用於去角質。

米糠敷臉保養肌膚！

①以米糠4、麵粉6的比例，混合攪拌均勻，等待20～30分鐘。

②分批慢慢加水，將粉末揉成糊狀。

軟硬度如耳垂

③先用肥皂洗臉，洗去臉上的髒汙。

アクアク

アクアク：嘩啦

④將米糠面膜均勻塗抹在臉上

べーとり

べーとり：服貼

⑤仰躺等待10分鐘

……

⑥用溫水仔細洗乾淨

ばしゃー

ばしゃー：潑水

⑦皮膚變得好水潤！

喔喔——!!

如果是一般膚質的人，一周敷2～3次，就能看出效果了喔！

因為我是敏感性皮膚，或許次數減少一點比較好。

對了，也可以將一開始做好的米糠袋放進澡盆，拿來泡澡。

或是像洗米水一樣，大掃除時，拿來擦地。

喔——!!

米糠袋的用途真是廣泛呢！

完美食材——「糙米」的各種力量

雖然漫畫中沒有提及糙米，不過因可以直接攝取到米糠、具有高度營養價值，而被稱為「完美食材」。

比方說，糙米中的鈣質約是白米的兩倍；鎂則約為十二倍；磷與鐵質約是四倍；錳和葉酸約是二．五倍；維他命E約為四倍；食物纖維則約是九倍。

其實，日本人原本的飲食習慣是以糙米為中心。然而到了江戶時代，白米開始普及，漸漸失去吃糙米的習慣。二次大戰後，由於以穀物為中心，名為延壽飲食法（Macrobiotic，編按：以穀物為主糧，配合新鮮蔬果，避免加工食品）的飲食療法在國外蔚為潮流，糙米的健康效果才再度受到矚目。以糙米為主食，可達到以下效果：

・瘦身、排毒；
・消除便祕、抗癌；
・抗氧化、美肌；
・預防阿茲海默症。

目前認為糙米具有以上種種成效，其中尤以排毒效果更是卓越。事實上，糙米被用來治療公害病，就是因為它具有良好的排毒效果。

日常飲食生活中，偶爾以糙米取代白米，讓身體排出累積的毒素吧！

如何攝取比較好呢？

糙米和白米相較之下，氣味和口感都比較獨特。咀嚼時，口中的顆粒感非常具有嚼勁，愈嚼愈能吃出甘甜滋味，但是有很多人不喜歡這種口感。

一開始，可以先將白米與糙米以等比例混合炊煮，習慣之後再慢慢增加糙米的份量。

此外，吃糙米飯時如果不好好咀嚼，容易引起消化不良，反而對健康有害。因此，吃糙米一定要比吃白米飯時，更加倍細嚼慢嚥喔！

一起來煮糙米飯！

因為糙米幾乎無加工，
吃下肚的是
農田生長的原始狀態，
容易讓人擔心是否殘留農藥，
請盡可能選購無農藥的產品。

① 輕柔洗米

只要洗去雜質就OK了！

② 清水浸泡

大約浸泡一個晚上
（7～8小時）

讓糙米發芽，
營養價值
會更高！

浸泡在水中
120分鐘後，
瀝乾水分，
放進保存盒中。
放置在8～12℃的場所、
約1～2天的時間，就能
讓糙米發芽。

③ 炊煮

加入一小撮鹽巴，倒進
煮白米時的兩倍水量，
按下炊煮鍵。
（某些煮飯鍋也有
「煮糙米」的選項。）

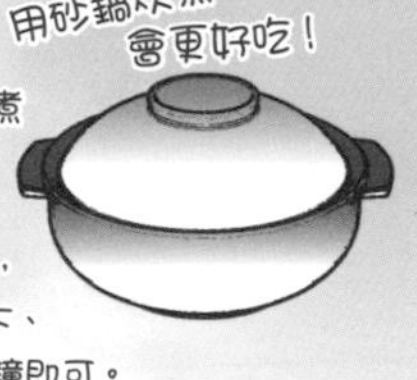

用砂鍋炊煮
會更好吃！

沸騰之後用小火煮
25～30分鐘，
咕嘟咕嘟～
煮乾水分後熄火，
攪拌一下、
燜煮約10分鐘即可。

到府服務的搗米專家

江戶時代的人，是如何將糙米去除胚芽和糠皮，精製成白米？

從事這份工作的，被稱為搗米人。當時的搗米人，會使用杵和臼進行搗米。要能配合顧客的需要，搗出不同口感的米，才能算是獨當一面的搗米師傅。另外，也有到府服務的類型，由搗米行派出年輕力壯的師傅，到委託搗米的顧客家中，當場用對方家裡的杵與臼，進行搗米、精米的作業。

只有江戶人才會罹患的病

腳氣病又被稱為「江戶病」。這是因為當時從各地來到江戶的人，特別容易罹患這種疾病。在故鄉是以糙米和雜糧為主食的人們，一旦來到江戶、習慣食用白米後，便容易罹患腳氣病。然而只要回到故鄉、恢復原本的飲食習慣，腳氣病馬上不藥而癒。

另一方面，在江戶土生土長的人們，因為每天運用從附近產地運到江戶的蔬菜、魚肉等新鮮食材來搭配白米，這些食材的營養成分補足了只吃白米的營養不足。而從外地前往來江戶求職的人，之所以容易罹患腳氣病，或許是因為配菜攝取不足的緣故吧！

比現代人還重視光滑腳跟

在前面的漫畫中，介紹過江戶時代描繪湯屋（＝澡堂）的畫，畫中澡盆放置著裝有米糠的盒子。婦女們經常在上澡堂時，帶著用紅絹做成的袋子，裡面裝的就是米糠。洗澡時，她們便用這專屬的米糠袋擦洗身體。雖然，偶爾也會用輕石摩擦容易粗糙、變硬的腳跟，但還是習慣使用米糠袋、對肌膚比較溫和。

江戶時代的人們經常穿著草鞋，走在路上的背影，很難不讓人看到腳跟。會如此重視腳跟，也是希望藉由光滑美麗的腳跟，強調自己全身都是經過仔細保養的吧！

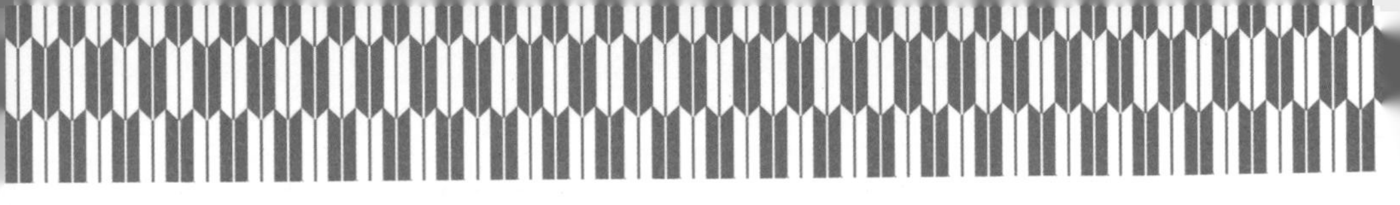

百科事例集中描繪的搗米人。這張圖的旁邊還附上一則練習題，計算搗米後，白米比糙米時的份量減少了多少——《江戶大節用海內藏》。

以單人份用膳的進餐方式，被稱為「箱膳」。左邊是添菜的人。畫中吃得如此豪華，主食當然就是白米了——《都會節用百家通》。

關於米的話題結束後，接下來輪到調味料的話題囉！

對啊、對啊，上次說的用鹽巴去漬，實在好厲害啊！
那可是從江戶時代就有的作法呢！
在寫給女生看的私塾教科書上，也有這樣的內容。
從古早以前鹽巴就用來去漬了？

在打翻紅酒或醬油時，只要堆上一堆鹽，再用吸塵器把鹽吸掉即可。
與其說這個是江戶智慧，不如說是歐洲智慧啦～
如果是紅酒，可以在上面淋上白酒或氣泡水，更容易清除染色。

鹽巴也可以當作研磨劑，有許多用途。
清除玻璃窗上的陳年汙垢!!
①玻璃窗的角落，總是有灰塵泥巴卡住硬化的汙垢，先朝它淋水。
②再用溼抹布沾上少許鹽巴
③擦拭汙垢的部分
④就能輕易清除汙垢了！
像這裡確實經常有硬化的汙垢，好髒喔……
清除洗手台的水垢!!
①在洗手台上撒滿鹽
②戴上橡膠手套後，用手摩擦（手套上先沾取檸檬汁或醋更有效）。
③洗手台變得亮晶晶！
清除茶壺裡的茶垢!!
①在杯子裡加入一撮鹽，用餐具專用的菜瓜布刷洗。
②鹽的粒子能吸附汙垢，杯子就變乾淨了。
喔——
咕唧
咕唧
咕唧
刷得我差點得腱鞘炎……
需要相當的毅力就是了……！
還能用來刷牙!!
①用指頭沾取鹽巴
②直接把鹽巴塗抹在牙齒上後，刷牙。
刷刷
刷刷
好像也能幫助牙齦緊實呢！
這個，我小學的時候，學校裡也有教過！
鹽巴，自古以來就用來清潔牙齒。
對了，江戶時代還會將鹽巴、沙子和香料混在一起當成潔牙粉販售呢！
據說江戶後期的文化、文政年間*，市面上甚至有一百多種類的潔牙粉。

*編按：均為日本年號。

江戶時代，鹽這麼容易取得嗎？
嗯嗯
因為江戶時代初期，瀨戶內海＊那一帶的製鹽技術，有很大的進步。鹽被做為保存用和加工用原料，大量使用於各方面。

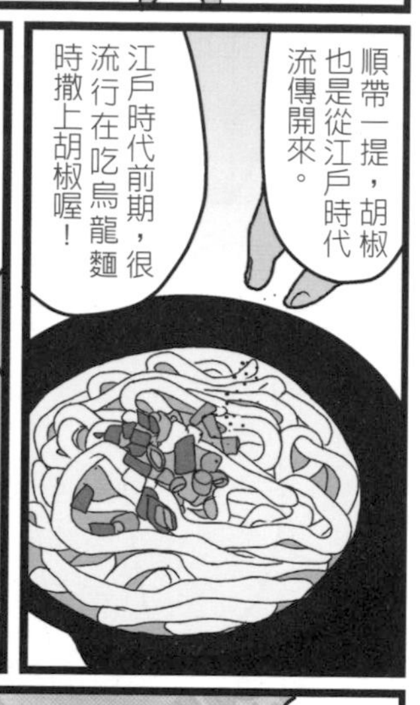
順帶一提，胡椒也是從江戶時代流傳開來。
江戶時代前期，很流行在吃烏龍麵時撒上胡椒喔！

那麼現在撒的七味辣椒粉，又是何時開始的呢？
七味辣椒粉開始被人廣為食用，是江戶時代初期的事。撒在烏龍麵上則是後中期了。
七味
我最喜歡香辛料了～！

一開始，辣椒粉是被當成中藥使用的。
七味辣椒粉中的紅辣椒、花椒、陳皮、黑芝麻、火麻仁、芥子，這些全部都是治療感冒的有效藥材。

蔥薑蒜這類的香辛料，對治療感冒也有效。所以，烏龍麵對身體實在是很好的料理呢！
最適合冬天吃了。
咻咻——

＊編按：日本最大的內海。

放在米桶中防蟲！
①將2～3根乾燥紅辣椒，放在米桶裡。
②蟲子就不容易跑進去了
以前……老家送來的無農藥白米裡，曾經出現大量蟲子……
悚然——！
到處飛來飛去的小蟲子……
真是一場惡夢
只要在米桶裡放辣椒就好了啊!!!
我也有這種經驗!!
洗辣椒浴讓身體熱呼呼
①將1～2根乾紅辣椒放進澡盆
②熱水不容易變涼，暖呼呼地！
手腳冰冷的人也會變得暖呼呼
辣椒浴對改善神經痛、風溼和糖尿病等疾病，是眾所皆知的功效。
要是放太多會傷害黏膜，適量就好喔！
還有……
咦!!
用辣椒殺菌
☆加入糠漬用的糠床裡，能使酸腐的米糠再生。
☆加入金魚水槽中，預防白斑病（比例是每10公升的水放一根辣椒）。
☆熬煮辣椒水可預防霍亂*
雖然，辣椒的殺菌作用並不是非常強大，但在預防霍亂上仍可期待一定的效果。
方法是——在霍亂患者的枕頭邊燻辣椒。
喔喔！!!
這個效用在海外時，好像可以派上用場！

*編按：由霍亂弧菌所引起的急性細菌性腸炎。

每天必需品——水與米，江戶人活用於食衣住

歷久不衰的鹽、醬油等調味料

鹽的選擇

去超市買鹽時，從標示中可大致區分為餐桌調味用鹽和天然鹽兩種。

這兩種鹽的不同之處，在於餐桌調味鹽是氯化鈉含量超過九九%的商品，不容易受潮結塊，表面有一層碳酸鎂。

另一方面，天然鹽的成分則是除了氯化鈉之外，還含有各種礦物質。

人體要分解攝取的鹽分時，鉀質和鈣質都是必須的，因此礦物質的存在非常重要。建議烹飪時，請盡可能選擇天然鹽吧！

硫酸鈣	無味
氯化鎂	甘甜苦味
硫酸鎂	深層苦味
氯化鉀	清涼酸味
氯化鈣	強烈苦味

除此之外，也有內含鐵、鋅、錳、銅、硒、鉬、鉻、鈷等礦物質的鹽。不同的礦物質組成，會形成不同的口味變化。

醬油，十五世紀就出現

在日本，最不可或缺的調味料就是醬油了吧！

約十五世紀，開始出現「醬油」這個文字，到了明治中期（約一八六八至一八九六年）正式確立名稱。

因為是發酵食品，具有一定的健康效果，一般認為醬油具有預防身體氧化、抑制血糖值上升，以及促進蛋白質代謝的功效。

味噌，江戶時的家常菜

比醬油歷史更悠久的調味料就是味噌。關於醬油的由來，有一個說法就是，在釀製味噌的過程中，因步驟弄錯而無意間誕生的產物。

味噌的原型在奈良時代（七一〇至七九四年）就已經存在；到了江戶時代，除了味噌湯，味噌更是家家戶戶餐桌上經常出現的菜色。而且味噌是黃豆發酵食品，營養價值更是沒話說。

研究發現，喝味噌湯次數愈多的人，罹患胃癌死亡的機率愈低。此外，味噌含有植物性乳酸菌，具有活化免疫力的作用，能幫助抑制腹瀉和消除便祕。

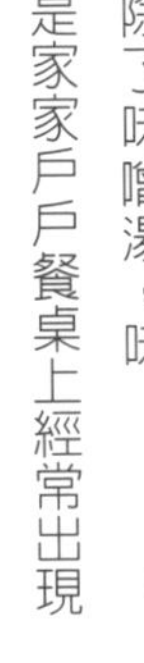

味醂，夏季飲品

味醂一直到江戶時代之前，都被當成甜飲料而受到民眾喜愛。

因富含均衡的胺基酸，和甜酒釀並列為大受歡迎的夏季飲料。而味醂不只營養百分百，同樣是日式料理中不可或缺的調味品。

除了能為食物帶來甜味和光澤外，具有防止食物在烹煮過程中破碎崩散的效果，以及去除魚肉腥味的作用。

因此，在煮馬鈴薯燉肉時，堪稱是最適合的調味料。

從配角到主角的調味料

在為數眾多的調味料中，進入人類生活歷史最久的就是鹽了。畢竟，鹽原本就是存在於自然界中的東西。不過，當醬油和味噌這類調味料問世後，這些調味料便取代了它，成為調味時的主角。

漸漸地，鹽的主要作用轉變為保存食物。不只用於醃漬，使用鹽作為保存食品的機會也逐漸增多了。

古代熱銷商品——加鹽潔牙粉

用指頭沾取鹽巴清潔牙齒，是相當古老的習慣。到了江戶時代，市面上開始出現除了混入鹽巴外，再加入細沙和香料的潔牙粉，成為廣受歡迎的商品。不分男女，打理出一口潔白的牙齒，都是時髦人士的象徵。

當時，利用一種類似現代牙刷的小工具——房楊枝。先把柳樹或寬葉樟樹的木材刨削成細細的形狀後，用水煮至柔軟、再用力搥打，直到形成刷狀為止。有時會將把手端削尖，用來刮落舌頭上的汙垢。這時代的人們，連會造成口臭的舌苔都勤於處理，可見追求美觀的意識相當高。

不會生鏽的鐵釘

對鐵製品來說，最大的敵人就是鹽分。如果建築物的鐵釘受到海風等侵襲而生鏽，那可是一件不得了的大事。

然而，江戶時代有一種不易生鏽的鐵釘。相對於明治時期（一八六八至一九一二年）之後廣泛使用的西式鐵釘，這種鐵釘被稱為和式鐵釘。和式鐵釘是一根一根人工打造的，因為先將鐵燒得火紅再鍛造成鐵釘，才不易生鏽。

釘軸是四角柱狀，整體遍布微妙的凹凸，如此一來，表面積比普通的西式鐵釘大，也較不容易鬆脫。這種鐵釘，可說是來自日式的創意。

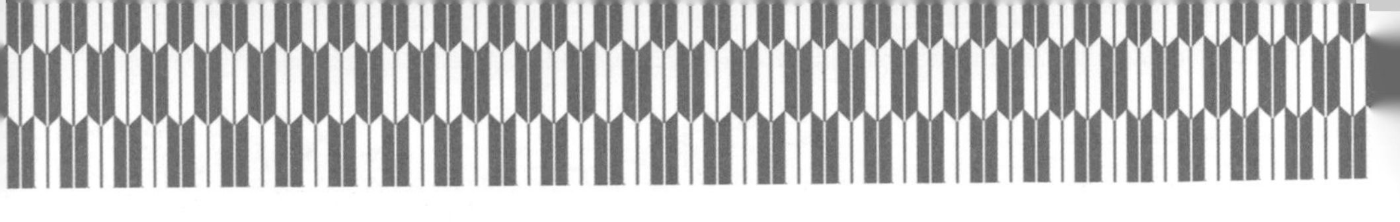

圖中兩位女性正在海邊製鹽，由此可知女性也參與了製鹽工作。這張畫顯示了汲取海水，從中取出海鹽乾燥的部分過程——《增補女大學寶箱》。

大阪・道頓堀的楊枝店。店頭托盤裡擺放著成排的房楊枝。右上角的店員正在搥打楊枝尖端，使其形成刷狀——《繪本家賀御伽》。

大掃除，就用香灰和小蘇打粉！
這次來談談如何利用香灰和小蘇打粉吧！
灰姑娘
欠人吐嘈嗎？
老師！香灰和小蘇打是一樣的東西嗎？
……當然不一樣。
但共通點都是屬於鹼性物質。
碳酸氫鈉
小蘇打粉給人比較強烈的天然印象，是近年來受到矚目的新材料。
因為可用來代替江戶時代盛行使用的香灰，所以一併做介紹。
原來如此——
現代人的家裡，不太會有香灰嘛……

即使是現在使用的洗潔劑，也是利用酸性和鹼性製造的喔！
去除廁所的尿垢
浴室皂垢水垢等
サンポール
酸性
鹼性
マジックリン
去除油汙
黴斑
殺菌等
對付硬化的汙垢適合使用酸性；油汙和手垢等軟性汙垢則用鹼性去除，效果較好。
每天洗衣服時！
①溶解香灰作成灰汁
（若使用小蘇打粉，10公升的水約倒入一大匙小蘇打粉。）
②直接清洗
ゴシ
ゴシ
ゴシ：用力清洗
因為不像洗衣粉那麼會起泡，所以還能省水。
江戶時代專業的洗衣店都是這麼使用的喔！
當然，用在一般家庭的洗衣機也OK。
喔！
人的皮膚是弱酸性的，所以清洗衣物時，推薦可以加入檸檬酸等酸性物質藉以中和鹼性。
貼身衣物就能變得柔軟蓬鬆了！
ガー!!
ガー：喀——
不過，我也聽過有人對小蘇打粉的洗淨力抱持質疑的態度……
雖然有的網站很推崇，但是也有相反的……
網路情報
當然，市面上販售的洗衣粉、洗衣精，比起小蘇打粉，確實有其優點。
重要的是要理解各自的優點，再使用。
不過，像我這種容易對洗潔劑過敏的人來說，小蘇打粉就是很好的代替品了。

小蘇打粉的優點是什麼？
小蘇打粉經常使用在打掃的時候，但有些材質會因此而褪色。
例如，原木地板等天然素材的東西就不適合。
可是在清除鍋子的焦黑處就非常實用。
焦黑？
比方說煮咖哩時，把整個鍋子都煮焦了!!
這還真是……燒焦得好誇張啊！
咚～
把水和小蘇打粉加進去煮。
一杯水
兌一大匙
小蘇打粉
焦……焦黑的部分……
竟然浮起來了!!
滑溜～
最後再輕輕磨一磨……
完成
變得這麼乾淨！
既不會破壞鍋子表面，也不會殘留洗碗精的味道，真不錯！

鹼性材料真厲害！
呵呵！
小蘇打粉厲害的地方還不只這樣呢！
……？廚房的流理台？
這裡！
首先，將小蘇打粉撒在排水溝口。
接著……是醋!?
同樣倒入排水孔裡。
小蘇打粉和醋的比例是1：1
ドボ
ドボドボ
咕嘟咕嘟咕嘟
然後，注入熱水……
ブク
ブク
ブク
ブク…
哇哇哇哇哇哇!!
噗咕噗咕
好厲害！從排水孔口裡冒出好多泡泡喔！
好厲害
呵呵！
是不是很有趣呀！
正好妳拿出醋來，接下來就來談談酸性材質的話題吧！
好——！

小蘇打粉PK香灰，去汙力誰勝？

同為鹼性材料的小蘇打粉與香灰。就讓我們來比較看看，何者的去汙威力較強吧！

香灰——蚊香、線香、香菸灰

話雖如此，香灰並不是日常生活中容易取得的東西。這種時候，可以到佛具店詢問看看喔！店裡販售佛壇用的香灰，價格大約是日幣兩千元。

此外，像是蚊香燒完後的灰燼、線香或自家佛壇的香灰，甚至香菸的菸灰都能拿來代替使用。

以下便收集了三種不同的香灰，讓我們開始實驗吧！

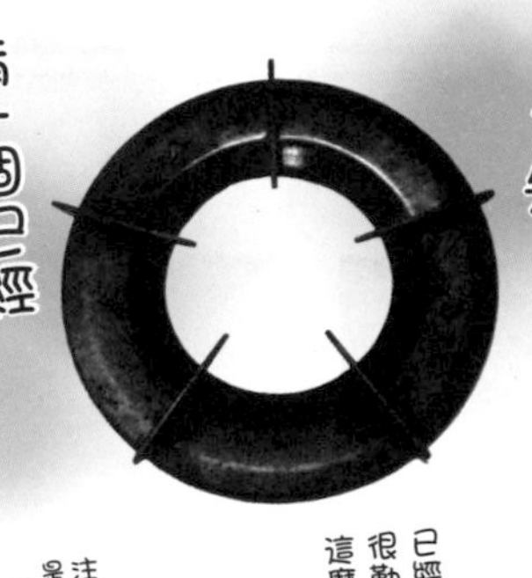

把佛壇的香灰撒在這個部分

這個部分則用小蘇打粉

至於這裡則用香菸的菸灰

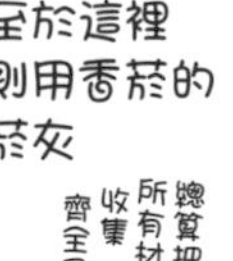

總算把所有材料收集齊全了！

放置10分鐘
掀開紙巾
用水清洗

蓋上廚房紙巾
再淋上清水

撒在想要
將髒汙去除的地方

結果!!

→還留有少許的油膩感

菸灰

↓這邊也還有少許油膩感，而且殘留了難聞的菸味……

超光亮乾淨！而且連一點油膩的油汙都沒有了！→

佛壇香灰大獲全勝！

將小蘇打粉、佛壇香灰及菸灰，撒在家裡需要清潔的瓦斯爐架上。蓋上廚房紙巾，淋上清水放置十分鐘後，掀開紙巾再用水沖乾淨。結果就如上圖的照片。沒想到，竟然由佛壇香灰獲得壓倒性的勝利。

小蘇打粉和菸灰雖然也能去除汙垢，但還殘留了頑固的油汙，相形之下，使用香灰的部分則是光亮潔淨。

從這個結果看來，說不定比起小蘇打粉，懂得使用香灰的人才是高手中的高手呢！

尤其在夏天，點蚊香、燒香拜拜和玩線香煙火的機會都比較多，容易收集到更多香灰，請大家務必嘗試看看喔！

正面利用天災的江戶人

在使用柴薪煮飯的江戶時代，灰燼可說是取之不盡、用之不竭。將這些灰燼泡在水裡沉澱後，上方的清水被稱為「灰汁」。這種灰汁和肥皂及洗衣粉一樣屬於鹼性，能輕易去除油汙。當淺間山（編按：日本最大的火山之一，屬於活火山）火山爆發，江戶受到火山灰籠罩時，江戶人們特地收集這些火山灰，做為衣物清潔劑使用。即使遇到天災，當時的人們也要從中獲得具有正面價值的事物呢！

什麼是無患子？

中文和日文漢字都寫成「無患子」的植物，或許令人有點陌生。事實上，現在不管是公園或校園裡，偶爾都還找得到無患子樹。這種樹會在夏天結果，果實的外皮之中，含有一種叫做「皂苷」的洗淨成分。把皮剝下來洗乾淨後，裝進寶特瓶，再加入半瓶左右清水，搖晃幾下瓶身，馬上就會起泡了。如果只是想洗手，這瓶皂苷水的洗淨力已經很足夠。

有些小學上自然課時，也會摘下校園中的無患子果實做實驗。

果實剝皮後，裡面的種子是黑色堅硬的顆粒。日本過年習俗會玩的「板羽球」（譯按：用板子拍打類似毽子的羽球，類似打羽毛球的玩法），就是使用這顆黑色種子裝上羽毛做成羽球。

穿木屐洗衣服

左頁下方圖畫中，正在用水清洗東西的女性腳上穿的就是木屐。木屐是一種不怕水、弄溼也沒關係的鞋子。

雖然，木屐給人的印象偏向男性專用，但事實上現在從健康層面來看，不分男女都重新體會到木屐的好處了。因為現代人的腳趾總是收在鞋子裡，即使走路時也難以活動到腳趾，而「缺乏運動」。相反地，穿木屐時拇趾和食趾得夾著夾腳鞋帶，因而鍛鍊到腳趾和腳弓，腳踝也會更緊實。

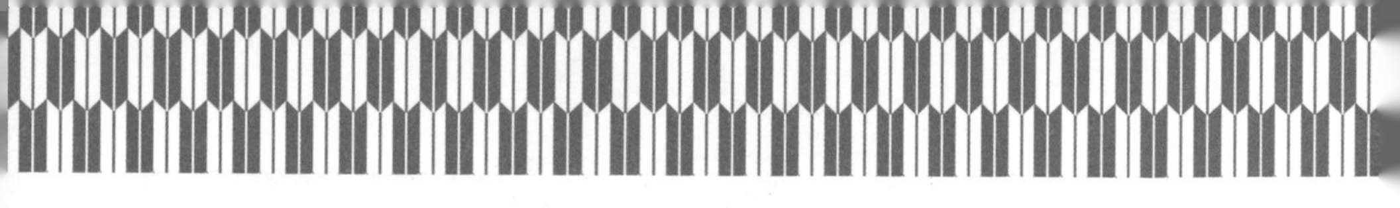

圖為正在使用竹管吹氣生火的婦人，腳邊堆滿了柴薪。躺在地上睡覺的是條狗，這個時代養在室內的寵物犬還很罕見——《永代大雜書萬曆大成》。

在庭院裡的人使用香灰洗衣，而簷廊下的人則用清水洗淨。洗衣板是明治時代後才開始流通使用的工具，江戶時代還沒有出現這項物品——《增補女大學寶箱》。

可除臭的醋

接下來，要談的是關於酸性材料。
歡迎回家
最近你好像很累，
我幫你用醋做了料理喔——♡
這是怎麼回事……
一說到醋！
就是壽司!!!
真想吃壽司!!
這對一九八九年後出生的年輕人來說，是很難懂的梗吧……
呀！
耶！
我喜歡吃的是蔥鮪魚壽司！
我喜歡鮪魚肚!!
鮪魚真是受歡迎啊！
可是，因為鮪魚非常容易腐敗的緣故，真正成為壽司魚料，是江戶後期的事。
而且還是醃漬丼飯
什麼——!!
這樣啊……
江戶時代的壽司，是江戶智慧的寶庫唷！

餐桌上所有的東西，都具有殺菌作用呢！
醋
甚至能當作農藥使用，具有高度殺菌作用。
芥末
芥末中的異硫氰酸烯丙酯成分，能殺死引起霍亂、傷寒的細菌，以及大腸桿菌。
薑片
薑裡的生薑酚成分，能殺死大腸桿菌。
竹葉
竹葉能當作防腐劑使用，內含水楊酸具有高度殺菌效果。
醬油
鹽分和乳酸菌的酸性成分，以及酵母中的酒精成分，對預計腹瀉、傷寒和大腸桿菌有效。
綠茶
綠茶中的兒茶素，能殺死大腸桿菌。
想吃～～い!!
壽司真是太棒啦!!
想吃～!!
言歸正傳
……我們現在在講的是醋才對。
基本上——!!
因為殺菌效果高，可以用來幫砧板等物品除菌。
簡單的砧板除菌法!!
①在清水中滴入幾滴醋，放入抹布後擰乾。
②用擰乾後的抹布擦拭砧板
③用清水洗淨砧板
④放在通風良好的地方乾燥
就這麼簡單！
用一樣的方法還可以用來擦拭榻榻米喔！
不但能預防黴菌和發霉，對已經長出的霉斑也有一定效果。

對付已經長出來的霉斑時，可以採用噴霧的方式。
以水2：醋1的比例調和成醋水，裝進噴霧瓶中，就是這麼簡單！
噗咻
也可以用相同的醋水，噴灑在生鮮垃圾上。
腥臭味確實減少了！
醋的味道沒有那麼重呢！
唔姆
如何？
喔喔!!
噴霧之後，花一小時等待乾燥……每隔兩、三天就重複一次以上動作。
如此一來，頑固的霉斑也會漸漸減少。
榻榻米的霉斑總是很難去除呢！
還有，醃漬酸梅乾時所產生的醋汁，我們稱為梅子醋。
喝梅子醋能夠預防口臭。
還能有助於腸內殺菌，以及消除疲勞！
好酸
用來對付襪子的頑固臭味，也很不錯。
浸泡在醋水裡
再用普通的洗潔劑清洗就好了
每一種方法都很簡單，真不錯呢！
真想和上次的小蘇打粉一起洗濯，試看看。

還有這個，妳們也可以試試看喔！
在家中試試
食譜
？
烤魚時先塗上醋，再烤嗎!?
好像會很臭!!
那樣會很好吃喔！
喔……今天吃烤魚嗎？
老公
我回來了——
滋滋……
……好臭！
這是什麼，太臭了吧!!
滋滋滋滋~~
撲鼻而來
……這真的沒問題嗎？……
完成！
哇哇哇哇
哇喔
烤好之後，竟然完全沒有醋的味道了！
意外!!
表面酥脆，裡面的魚肉鬆軟好吃。
魚腥味也消失了，真美味!!
內臟，因為腥味特別強烈，可以多塗一點醋喔！
嘎喔——
婆婆

廚房裡的最強材料——醋

書中介紹的所有材料裡，沒有任何一項物品能比醋或檸檬酸的用途還多。以下整理出前文漫畫中，未曾提及的使用範例。

浴室頑垢的殺手

如第七十頁所介紹，用兩倍的水稀釋醋，成為醋水後，裝入噴霧瓶。這瓶淡醋水，可以在各種場合派上用場。

用醋水打掃各種地方

把衛浴蓮蓬頭浸泡在醋水中，可消除出水孔的阻塞現象。

醋水噴在浴室裡的皂垢上，再用海綿輕刷，皂垢就能輕鬆溶解。

水垢，也能輕易去除。

在臉盆裡裝入醋水放置一個晚上，再用海綿刷乾淨。

當然也能擦掉椅子上的頑垢!!

醋水＋鹽，威力更強大

先將醋水噴在冰箱內壁，再用撒過鹽巴的布擦拭，光是這麼做就能達到除臭、和防止細菌繁衍的效果。因為只用了醋和鹽，不必清空冰箱裡的所有食材，也能打掃冰箱內部。

醋水＋肥皂，清潔紗窗有一套

用柔軟的刷子沾取肥皂後，刷洗紗窗，之後再噴上醋水就能抗菌。最後再用抹布擦拭，烏漆抹黑的紗窗一樣變得乾乾淨淨。

醋和檸檬酸有什麼不同？

雖然同樣屬於酸性物質，效果也一樣。但檸檬酸無臭無味，醋則有一種獨特的氣味。

此外，檸檬酸的酸有可能無法完全發揮作用而殘留，因此不適合使用在容易受傷的材質上。清理木製家具時，建議還是使用醋比較好。

檸檬酸的活用術

1小匙
水1杯
就完成了檸檬酸水了
直接將50公克檸檬酸粉末，放入洗碗機，啟動之後就能清潔內部。
咔！
在家電產品上，噴上檸檬酸水，即可去除汙漬
對付冰箱裡的腥臭味，只要噴上檸檬酸水。

哪些材質不適合？

這兩種材料，比較適合用在塑膠類或鋁製品、玻璃製品。不過，用在鐵製品上都可能造成鏽蝕。

另外，絕對禁止使用在大理石製品上，因為酸會分解大理石中所含的碳酸鈣。而屬於氯系製品的清潔劑若遇到酸，可能造成氯氣中毒，相當危險。

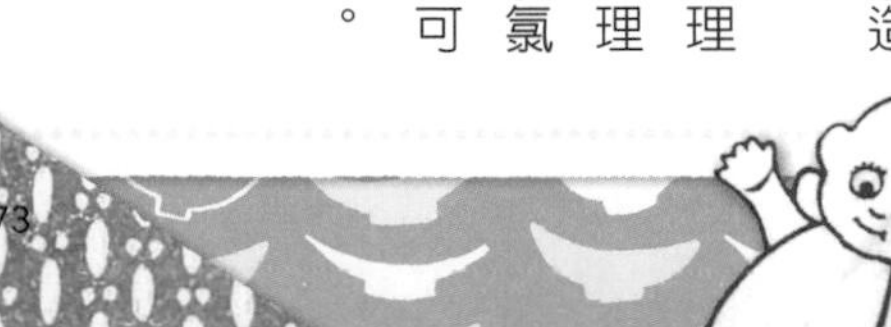

釀酒失敗，成功產生的醋

醋的誕生，其實是釀酒失敗的結果。古早時代也曾被稱為「苦酒」。在江戶時代的人們，開始想出將醋和醬油或味噌混在一起、成為調味醋食用的方式，從此，醋開始廣泛運用於飲食之中。在炎熱夏季中不容易保持新鮮度的鯖魚，之所以能成為壽司魚料，就是拜醋的殺菌力量所賜。在無法捕獲鮮魚的內陸或深山裡，也因此吃得到醋漬魚了。

壽司的由來

當今壽司的原型，一般認為是「熟壽司」（熟れ鮨）。這是將用鹽醃漬過的魚料放在米飯上後，再用力擠壓，使其發酵製成的保存食品。

到了食醋普及的江戶時代，便省略發酵過程，直接在米飯中摻入醋。魚料也使用以鹽和醋醃漬過的鯖魚，這就是最早的押壽司或箱壽司。因為這種料理只要一個晚上就能完成，所以又稱為「早壽司」（早すし）。

江戶後期，更誕生了由醋飯和生魚片捏成的「握壽司」（握りすし）。醋飯使用的是以酒糟製成、風味柔和的酒糟醋。此外，當時一貫握壽司的大小，比現在的一貫壽司大上許多（譯按：「貫」為握壽司的量詞）。

使用醋的廚房魔術

壽司逐漸普及的江戶後期，蛋也開始成為普遍的食材。介紹魔術的《和國戲遊草》（一七二九年出版）一書中，即詳細解說——如何在不破壞蛋殼內側薄膜的情形下，取出蛋汁的方法。

根據書中的解說，先用針在蛋殼上開一小孔，再從小孔將蛋汁全部吸出。吸空之後，從孔中注入醋液靜置一天。隔天，只要輕輕地將蛋殼一點一點打破，就能取得內側完整薄膜。雖然無法運用在任何料理上，但完成之後卻會有一股成就感。

這幅畫詳細描繪了當時壽司店的情景。初期的壽司店沒有店面，一般都如圖中所繪，在屋簷下擺設攤販的形式——《繪本江戶爵》。

江戶魚販，會把磅秤當扁擔、挑著漁貨家家戶戶上門兜售。因為隨時都能獲得新鮮魚貨，所以就不需要醋漬了——《都會節用百家通》。

簡單的砧板除菌法!!
①在清水中滴入幾滴醋，放入抹布後擰乾。
②用擰乾後的抹布擦拭砧板
③用清水洗淨砧板
④放在通風良好的地方乾燥
就這麼簡單！
用一樣的方法還可以用來擦拭榻榻米喔！
不但能預防黴菌和發霉，對已經長出的霉斑也有一定效果。

第 2 章

學江戶人們，這樣利用食物的力量

酸梅乾——家庭常備藥

*內臟有出血狀況的人，請不要飲用。

不過，這個並不算是江戶智慧，該算是昭和*智慧喔！
跌倒——
啊，不過我不是說妳的意見不好啦！

那麼，原本江戶時代的人，究竟吃不吃酸梅乾呢？
該不會出乎意料地，這是戰後才普及的食物吧……
鹹鹹地好好喝♡
比方說，早在十五世紀末、戰國時代的人，已經懂得善用酸梅乾了喔！
戰爭時，這是非常珍貴的緊急乾糧。

但是比起食用，大多數時候還是拿來當作藥物用呢！
把酸梅乾拿來當藥？
哇哦
酸梅乾可以用來消毒傷口，或預防頭痛和傳染病。

江戶智慧——酸梅乾篇之一
酸梅乾果肉貼布：將梅肉直接貼在患部，或用紗布包住果肉再敷上去也可以。
因為具有鎮靜和消炎作用，很適合用來減緩肩膀痠痛、僵硬。

此外，像是幕府末期流行霍亂時，就把酸梅乾當做治療用的藥物。
像這樣——
咕唔
肚子……
吃點酸梅乾！
梅肉的精華成分中，具有能抑制霍亂弧菌及大腸桿菌的效果。
真的嗎？
好厲害啊，酸梅乾！

*編按：1926～1989年。

這麼說來，在便當裡放一顆酸梅乾防止便當臭酸，這也是真的有用囉？
日之丸便當
雖然，酸梅乾有抗菌作用，但只在白米飯上放上一顆酸梅乾，頂多只有整腸效果，或許也能用來預防食物中毒吧！
對了，還有啊——
平常光是吃酸梅乾，就能期待它發揮這麼多效果喔！
整腸作用
消除疲勞
治療宿醉
增進食慾
促進鈣質吸收
喔喔！
真有你的，酸梅乾！
不過，千萬不要吃太多喔！
實在稱得上是充滿江戶智慧的食材呢！

*編按：梅華（Mumefural）可改善血液循環，並且能夠有效抑制癌細胞。

燃脂又提神的百搭食品

正如漫畫中提到的，酸梅具有卓越的功效，而且能以各種形式活用在料理之中。

以下將介紹一些可以自己在家輕易嘗試的酸梅食譜。

首先請準備好酸梅乾吧——

梅煮沙丁魚

材料（2人份）

沙丁魚　4隻
酸梅乾　2顆
生薑　1/2片
醬油　1大匙
味醂　1大匙
水　1杯

①去除魚鱗、切掉魚頭後，取出內臟，將魚身清洗乾淨。

②把生薑切成薄片。

③在鍋中加入醬油，味醂和水，加熱直到沸騰後放進沙丁魚。接著，放入酸梅乾和生薑。

④蓋上鍋蓋，一邊舀起湯汁淋在魚肉上，一邊用小火煮二十分鐘。

⑤起鍋裝進容器，以生薑絲裝飾即可。

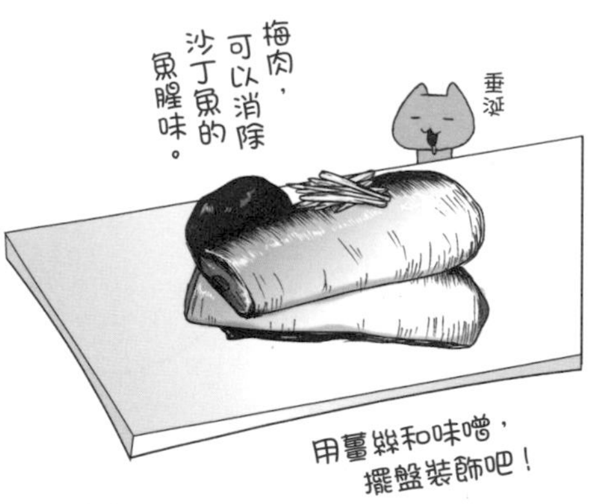

梅肉，可以消除沙丁魚的魚腥味。
垂涎
用薑絲和味噌，擺盤裝飾吧！

梅子醬

材料

酸梅乾　1公斤

砂糖　壓碎後梅肉重量的30～50%

味醂　1～2大匙

①將酸梅乾浸在水中約六至八小時。

②取出梅子核後，再將梅肉壓碎。

③梅肉放入鍋中，砂糖分成兩次陸續加入。

④以小火加熱，一邊攪拌約二十分鐘，煮成果醬狀。

⑤加入味醂增添光澤即可。

具有燃脂效果的酸梅！

二〇一〇年六月，三寶樂企業（SAPPORO，編按：札幌啤酒，日本具代表性的啤酒生產企業之一）發表研究資料，證明來自酸梅中的多酚具有燃燒脂肪的效果。

在餵食實驗白老鼠的飼料中，加入梅子醋中所含的多酚成分，結果顯示，促進脂肪燃燒的基因增加了二到三倍；幫助消除疲勞的基因則增加了二到四倍。

雖然目前還在研究階段，有朝一日，說不定酸梅乾會成為減重瘦身者一定要了解的食材喔！

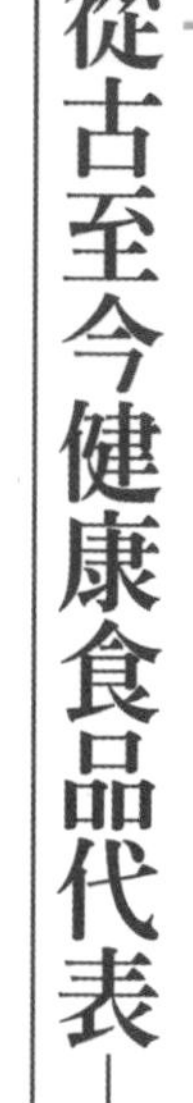

從古至今健康食品代表——酸梅

在日本，酸梅乾可以說是健康食品的代表。酸梅乾歷史悠久，起源幾乎已無法追溯。江戶時代，人們會在除夕夜飲用稱為「福茶」的飲料，作法是將酸梅乾放進熱茶；並且發明將黑豆、酸梅乾加入料理的年菜。用鹽醃漬的梅子，被稱為白梅醋；而使用紅紫蘇葉醃漬的，則稱為紅梅醋。用梅醋醃漬白蘿蔔或蕪菁、生薑的作法，至今依然十分普遍。

江戶人旅途時的好夥伴

根據江戶時代的書籍《雜兵物語》（編按：運用通俗易懂的語錄，介紹複雜深奧的作戰技巧）中得知，戰國時代的士兵們，都會在食物袋中攜帶「梅乾丸」。梅乾丸是用酸梅乾的果肉、米粉和冰砂糖粉，混合揉製而成，生津解渴。可減緩戰爭中的身體疲勞，放入飲用生水中也能殺菌。

到了和平的江戶時代，旅行成了一大潮流。當人們長途旅行時，總會攜帶酸梅乾，緩解食慾不振的症狀。直到現代，仍有許多人在出國旅行時，攜帶酸梅乾呢！

什麼是「天神大人」？

酸梅乾裡的梅子核，又俗稱「天神大人」。天神大人指的是活躍於平安時代（七九四至一一九二年）、被後世尊稱為學問之神，而廣受民間愛戴的菅原道真（編按：日本平安時代的學者、政治家）。他留下許多與梅花有關的詩歌，是一位以愛梅出名的人物。因遭受陰謀陷害，而被貶到九州太宰府的飛梅傳說（編按：是指菅原道真從京都降職時，一顆梅花因為太想念他，一夜之內從京都飛奔到太宰府）也廣為人知。

江戶時代開始流傳一首詩歌：「吃酸梅時，不要吞下梅子核。因為天神，沉睡其中。」食用過多梅子核，會造成腹痛等問題，或許也是為了避免孩童誤食，便將警語編成這樣朗朗上口的詩歌吧！

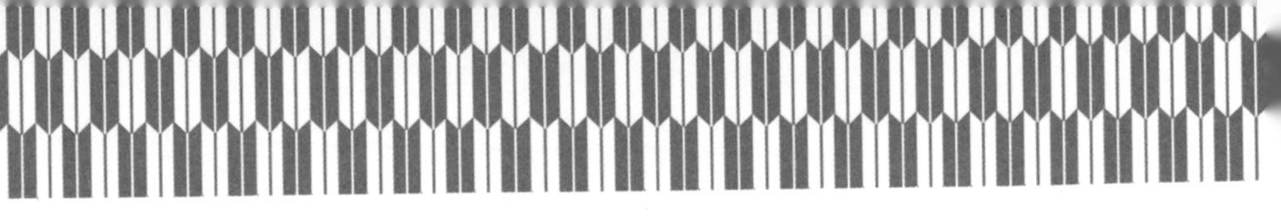

在當時的旅途中，人們一定會攜帶酸梅乾。從圖中看得出婦女與兒童旅行時，經常手持細長的手杖——《江戶大節用海內藏》。

畫面左邊掛在壁龕上的，就是菅原道真的畫像。這張圖是出自和算（編按：日本傳統數學）書中的插畫，描繪著孩子們撥打算盤的模樣——《算法圖解大全》。

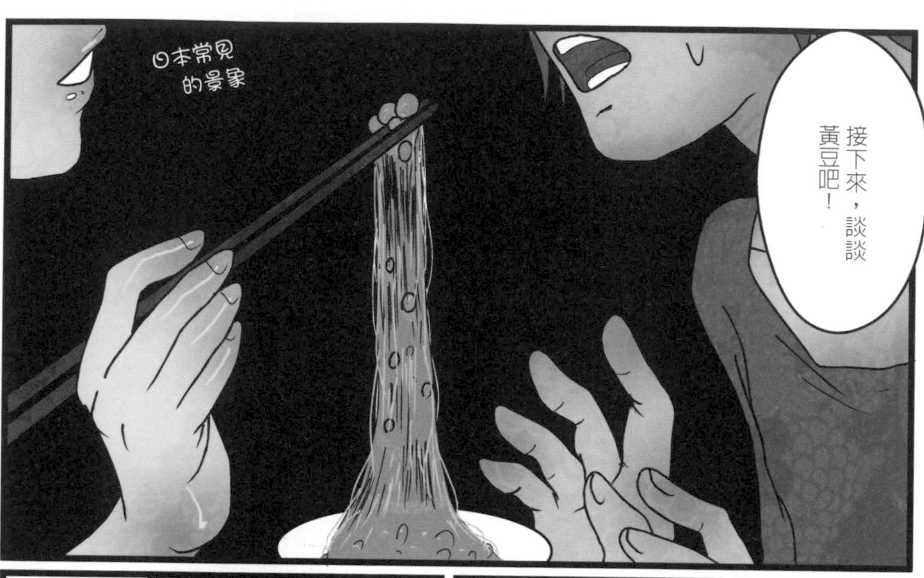

*出自日本文部科學省「五訂增補日本食品標準成分表」

黃豆在江戶時代，是重要的蛋白質來源喔！

當時有句話說：「江戶三白。」

白米

白蘿蔔

豆腐

指的就是：白米、白蘿蔔和豆腐。

也是當時每戶人家的餐桌上，最常出現的菜餚。

箱膳

可當餐桌、也可兼做餐具的收納櫃。一次一餐份，清楚明瞭，可以防止過食！！

天明二年（一七八二年）發行的《豆腐百珍》中，就記載了一百多種豆腐料理的解說。

在當時，豆腐比現在重要許多。

這本《豆腐百珍》裡，也記載了一些有趣的創意豆腐料理喔！

豆腐味噌漬（豆酪）

①去除豆腐的水分

緊壓

②用布包起來，放進味噌中醃漬數日至半年之久。

最後完成的，就是這個。

已經看不大出來是豆腐了？

醃漬半年

即使醃漬一晚，也很美味。

!!

好像起士喔！適合拿來當下酒菜。

有時一個不小心，豆腐就放到腐壞了，

下次試著把吃剩的豆腐，放到味噌裡醃漬看看吧。

滋味會隨著醃漬時間長短，而改變。

好想喝啤酒

對了，市面上也有現成的可以買。

哎呀，意外地便宜呢！

大概才500日圓

*編按：比喻丟臉、失敗。
*譯按：比喻奢侈浪費存不了錢。

調查結果發現，味噌真的有助身體健康。
降低膽固醇
保持血管彈性
造血作用
預防神經疲勞
預防老化
幫助消化
防止氧化
消除肩頸僵硬
預防脂肪肝
預防失智症
這麼多
喔喔~
你看，有這麼多！！
好厲害！！
每天早上喝味噌湯，有助身體健康。
這是一定要的！
倒落！
超級同意！
我回來了~
妳回來啦……
你感冒了嗎？
ゴホゴホ……
這種時候就應該喝味噌湯！
現身
兔、兔兔子，妳怎麼來了？
感冒時，就喝青蔥味噌湯
【材料】
長蔥 10公分（蔥白部分）
柴魚片 1小撮
味噌 1大匙
生薑泥 少許
①長蔥切碎
②所有材料放進碗中
③注入熱水
④趁熱喝
超簡單！！
好暖和啊~
青蔥和味噌的成分，對改善初期感冒很有效喔！
喝完後趁身體暖和時，快點上床睡覺吧！
好的……

ゴホゴホ：咳咳……

嘗試自製味噌吧！

第八十八頁介紹的諺語中，有句「買味噌的人家，蓋不了倉。」由此可知，江戶時代普遍都是在家自行製作味噌的。

日語中有「手前味噌」一詞（譯按：意思等同中文的「老王賣瓜，自賣自誇」），延伸為自吹自擂之意。詞彙的來由，正是「手前（自己做的）味噌最好吃」。江戶時代，每個家庭都按照自己的喜好自製味噌。

以下介紹簡單的味噌作法，推薦大家務必自己在家嘗試製作看看喔！

6公斤的味噌所需材料	
黃豆	1.5公斤
米麴	1.5公斤
鹽	600公克

建議在冬天製作喔！

對了，為什麼建議冬天製作呢？
因為冬天較少細菌滋生、氣溫又低，可以慢慢發酵，做出來的味噌也比較美味。
原料的黃豆和米的收穫期，正好是秋天嘛！
呼——

撒上鹽，仔細地蓋上保鮮膜。
別讓空氣跑進去！！
也可以使用薄布或宣紙喔——

放在陰涼處、保管約半年至一年，使其慢慢發酵。
一定要度過發酵快速的夏季！

完成
以上作法和材料份量只是範例之一，也可以嘗試各種配方變化喔♡

農田裡的肉類——黃豆食品

黃豆，以具有豐富蛋白質等高營養價值著稱，向來被稱為「田裡的肉類」。由於富含食物纖維，有助消化，在現代也是廣受減重瘦身人們喜愛的食材之一。

以黃豆為主原料，加入米麴及鹽使其發酵，就能製作成味噌。江戶時代的黃豆加工品，除了味噌外，醬油和豆腐也是其中的代表。黃豆食品，可說是日本人長久以來的好朋友。

試試自製黃豆粉

江戶時代的人們，經常使用未上釉的陶器——「焙烙」（可見第二二四頁）來焙煎豆類。炒過的黃豆，用杵桿磨碎就成黃豆粉了。撒上黃豆粉的安倍川餅（編按：日本靜岡縣有名的和菓子），其名稱據說是因德川家康，曾站在安倍川附近的茶店吃餅而流傳。

使用現今市面上依然買得到的焙烙，就能自製黃豆粉。首先，將黃豆放入焙烙中仔細炒過，去皮後再用食物處理機攪碎。用剛炒過的黃豆作成的黃豆粉特別甜，甚至不需要摻砂糖。

鮪魚丼的起源

醬油也是黃豆製品的一種，因為鹽分高，還被稱為世界上最鹹的醬料。但托了醬油的福，鮪魚才得以成為世人所知的壽司魚料。

曾有一首川柳詩（編按：日本詩的一種），這樣寫著：「不煮、不烤，賣不了鮪魚。」這是因為鮪魚比起鯛魚或比目魚等白肉魚，更不容易維持新鮮度，因此不適合作成生魚片。然而，到了江戶時代後期，握壽司開始普及，並且衍生出用醬油醃漬魚料的「漬魚」作法。

從此之後，經過醃漬後的鮪魚得以拉長保存時間，也因此更廣為人知了。

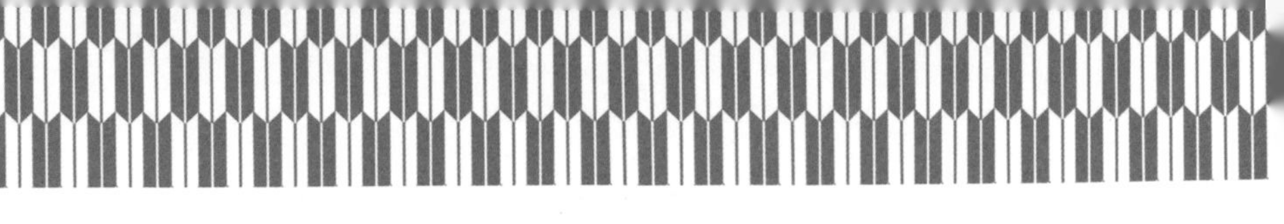

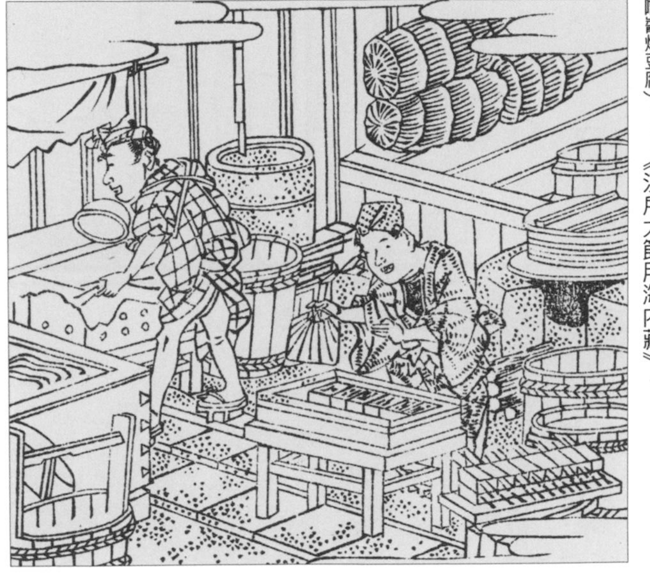

豆腐店裡的工場。左邊的人正在進行凝固程序，中間的人則用扇子煽涼豆腐。右下串起來的是田樂豆腐（譯按：用味噌醬烤豆腐）——《江戶大節用海內藏》。

描摹貴族撒豆的景象。當時一年有四次「節分」，撒豆是在相當於現今正月新年的「立春」前一天的「節分」，所進行的活動——《都會節用百家通》。

兔兔子的家位於市中心，菜價不會很貴嗎？
不，關於這個嘛！

我家附近有一個「YATCHA市場」*，所以能買到便宜的蔬菜！

……
YATCHA市場？

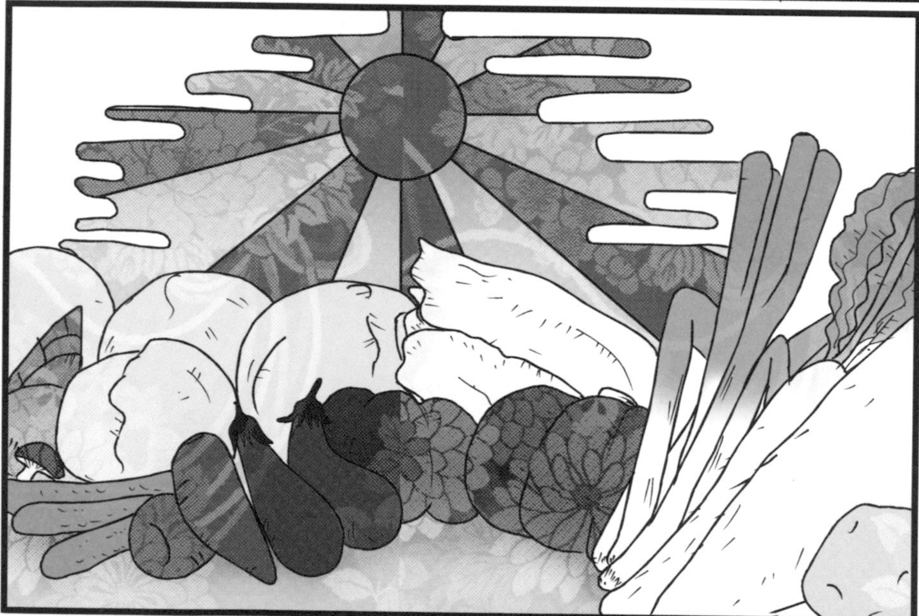

所謂的YATCHA市場，就是青果市場啦！
市場裡競標時，嘴上會喊著「呀嗟呀嗟」的聲音，因此就用這個稱呼青果市場了。

*編按：YATCHA（やっちゃ），原是形容競價的吆呼聲。

*南瓜原產於柬埔寨，地瓜原產於中美洲。

江戶時的「YATCHA市場」買得到地瓜、白蘿蔔、茄子、南瓜、紅蘿蔔和青蔥等，時至今日依然普遍的蔬菜。

可是，蔬菜大部分都是來自國外的吧？

追根究柢

沒錯。但是這些蔬菜，都在江戶時期滲透進庶民的生活之中。

附帶一提，日本自古以來吃的蔬菜則是山葵、茗荷、款冬、芹菜、三葉草、款冬、食用土當歸、紫蕨草等。

好少！

大部分都是什麼樣的料理呢？

最常使用的食材，就是白蘿蔔。

在酒裡加入白蘿蔔泥

白蘿蔔泥不需要加熱、直接食用就好，因為白蘿蔔中的消化酵素很不耐熱，所以烹調重點就是不加熱。

對於消化不良和胃酸過多、食道逆流等，都有抑制減緩的效果。

嗚嗚嘔……

來、請用──

也很推薦宿醉時食用喔！

說起來，江戶時代人們還算是滿常喝酒的嘛！

當時，也很流行用白蘿蔔當下酒菜。

乾蘿蔔絲

煮蘿蔔

等食物

這麼說來，將白蘿蔔切成條狀下酒，對疲勞的腸胃也很有好處囉？

許多夜店或酒家，一定都會準備這種生吃的蔬菜條呢──

沒錯，就是這樣。

嗯嗯

*編按：千住蔥，日本名蔥之一；龜戶白蘿蔔，東京傳統蔬菜。

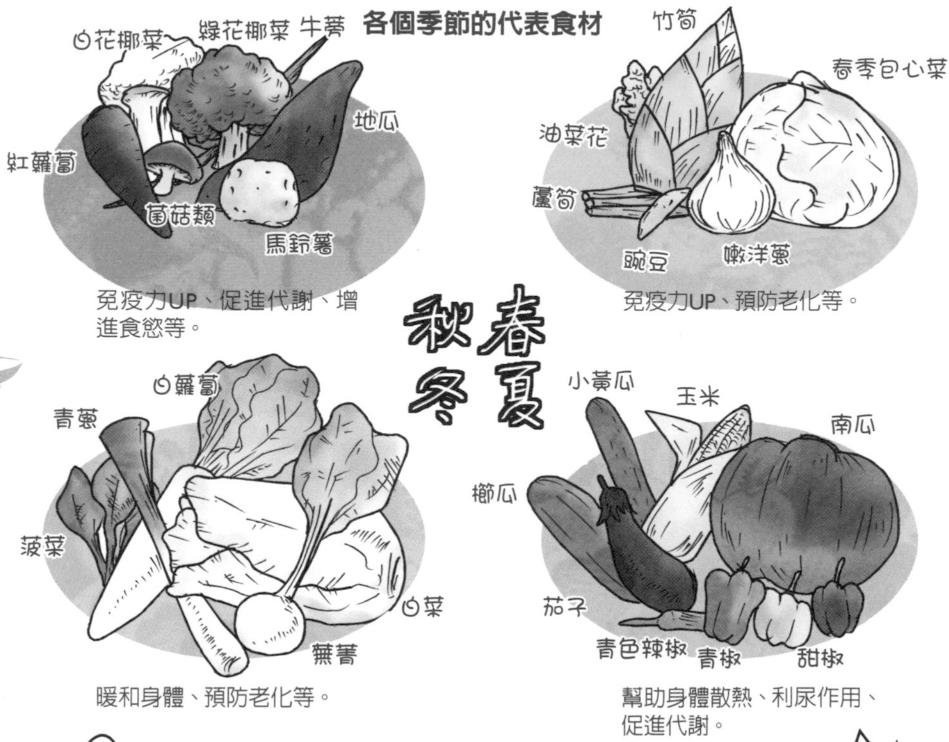

各個季節的代表食材

春

竹筍、春季包心菜、油菜花、蘆筍、豌豆、嫩洋蔥

免疫力UP、預防老化等。

夏

小黃瓜、玉米、南瓜、櫛瓜、茄子、青色辣椒、青椒、甜椒

幫助身體散熱、利尿作用、促進代謝。

秋

白花椰菜、綠花椰菜、牛蒡、地瓜、紅蘿蔔、菌菇類、馬鈴薯

免疫力UP、促進代謝、增進食慾等。

冬

白蘿蔔、青蔥、菠菜、白菜、蕪菁

暖和身體、預防老化等。

多使用當季蔬菜，就能獲得健康！

這也是江戶智慧呢！☆

當季蔬菜，如何完整利用？

因為蔬菜的當令季節很短。接下來，就為大家介紹如何在蔬菜最美味的季節，攝取最完整的營養吧！

新鮮要訣：先汆燙後冷凍

一次買回大量當季蔬菜後，請將蔬菜冷凍起來保存吧！不過，若是直接將蔬菜冷藏，會使口感變差，味道也變得沒有原本美味。推薦大家，先將蔬菜分成小份量後，再加以汆燙。

因為事先將買回來的蔬菜處理好，等下次要用時馬上就能取用，實在非常方便。

出乎意外地，大多數人都不懂

各種蔬菜的冷凍祕訣

菠菜、小松菜

快速汆燙後，分裝在夾鍊袋中冷凍保存。

生薑

直接冷凍也可以

或是泡在燒酒裡

馬鈴薯

汆燙過後，先剝皮壓成泥，再冷凍。

四季豆　南瓜　紅蘿蔔　豌豆　青椒

切成適當大小後汆燙，但不宜太久、維持硬度，放涼後去除水分、冷凍保存。

白蘿蔔

磨成泥、去除水分，在保鮮膜上攤平、捲起來後，放入保存容器冷凍。

洋蔥

可以先切碎或是切薄片，炒過之後放進夾鍊袋冷凍保存。

青蔥

不需汆燙，直接冷凍。可將長蔥切成3～4公分小段；細蔥切碎。

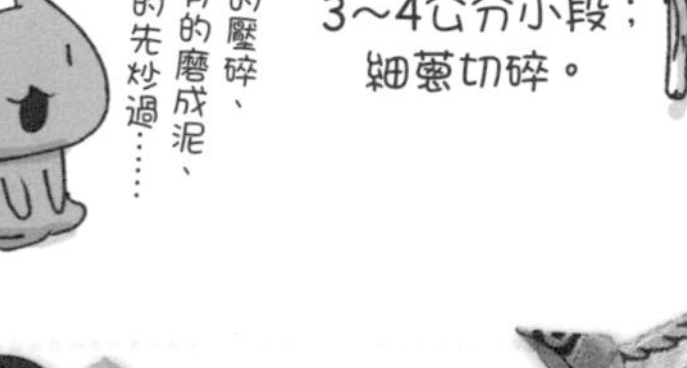

得如何保存蔬菜。從超市、菜市場買回來的蔬菜，你是否都是直接從袋子裡拿出來，不加思索地放入冰箱的蔬菜櫃？

其實，不同種類的蔬菜，都有其最適當的保存方式。

直立生長的蔬菜，不能平放

如果將直立狀態生長的蔬菜，如青蔥、蘆筍、白菜和小黃瓜等，以橫向放倒，蔬菜們會為了恢復直立姿勢而消耗能量，如此一來，將會造成養分流失。保存時，請維持直立狀態。

馬鈴薯等根莖類，帶泥保存

根莖類的蔬菜不需洗去泥土，直接以帶泥狀態保存。

芋頭類一旦冰進冰箱，冰箱的低溫肯定會讓味道變差。但是若受到日光照射又會發芽，最好是放置在陰涼暗處。

小芋頭或山藥容易因悶熱而腐壞，請用報紙包起來，存放在陰涼暗處。

白蘿蔔、蕪菁等，先去葉

帶葉的根莖類蔬菜，養分會被葉子所吸收，因此必須先摘下葉子，再以直立的狀態放入冰箱冷藏喔！

紅蘿蔔在冬季時，常溫放置就可以。

菠菜等葉菜類，不密封

葉菜類密封時反而容易腐爛，只要放進塑膠袋裡，以直立狀態放進冰箱冷藏即可。

洋蔥，常溫通風處放置

洋蔥也是容易因悶熱而腐壞的蔬菜。若要以常溫保存，請裝進網袋放置於通風處。夏季時，請放入冰箱冷藏吧！

活用當季蔬菜的江戶人

在蔬菜栽培技術還沒有現代發達的江戶時代，人們吃的都是當季蔬菜。夏天可採摘到的蔬菜代表，就是小黃瓜與茄子了。夏季蔬菜，具有能為身體降溫的效果，這也是人們在夏季吃這些蔬菜的意義。相對地，冬季的代表蔬菜就是白蘿蔔。白蘿蔔便宜又富有營養價值，是庶民的好朋友。即使到了今日，白蘿蔔還是冬天吃關東煮時必備的食材。

代替水壺的小黃瓜

黃瓜（胡瓜）如果放著不採收，其實可以愈長愈大。不過，生長得愈大，味道會變得愈粗糙，所以必須在適當的大小時進行採收。可是江戶時代的瓜田裡，常常看見生長成巨大尺寸的黃瓜。這是因為在夏季時，旅人會直接隨身攜帶巨大的黃瓜，代替水壺。在旅途中，啃著黃瓜就能解渴，還無須像運動飲料那樣擔心過度飲用的問題。

「白蘿蔔演員」的由來

白蘿蔔在江戶時代進行過品種改良，元祿年間（一六八八至一七〇四年）出版的《農業全書》中，已經出現好多種類的白蘿蔔了。江戶時代，練馬和龜戶都有生產白蘿蔔。在這個時代中，白蘿蔔是餐桌上必備的食材，而被稱為「江戶三白」之一，受到大眾喜愛。

白蘿蔔對腸胃溫和，能緩和飲酒後產生負擔的腸胃。所以江戶時代的人喝酒時，經常把白蘿蔔或醃蘿蔔作為下酒菜。即使是容易腐壞的食材，只要搭配白蘿蔔一起食用，就比較不容易「中鏢」，引發食物中毒或腹瀉。

日語中形容演技不好的演員為「白蘿蔔演員」（日文為「大根役者」），其由來就是以「怎麼吃都不會拉肚子」衍生為「怎樣都紅不起來」，進而演變為形容「演技不好」的演員。

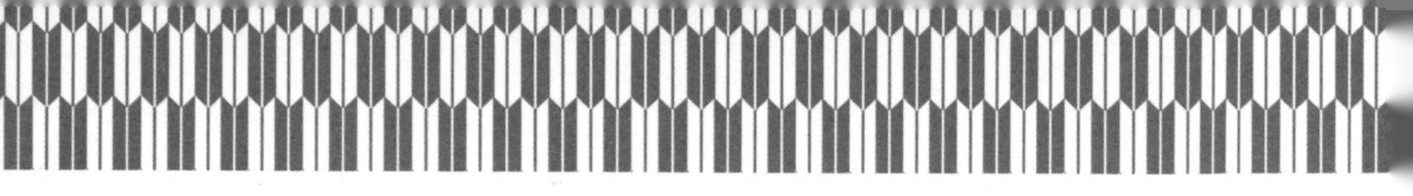

正在切小黃瓜的人。圖中稍微抬起單邊膝蓋的蹲坐方式，比正座姿勢輕鬆許多，也更方便行動。當時的繪畫中，經常出現這種姿勢——《都會節用百家通》。

這是一張說明煮章魚時，放入白蘿蔔一起煮，能讓章魚變軟的文章插圖。這個訣竅，直到現今的烹飪書中都會提及——《萬成雜書》。

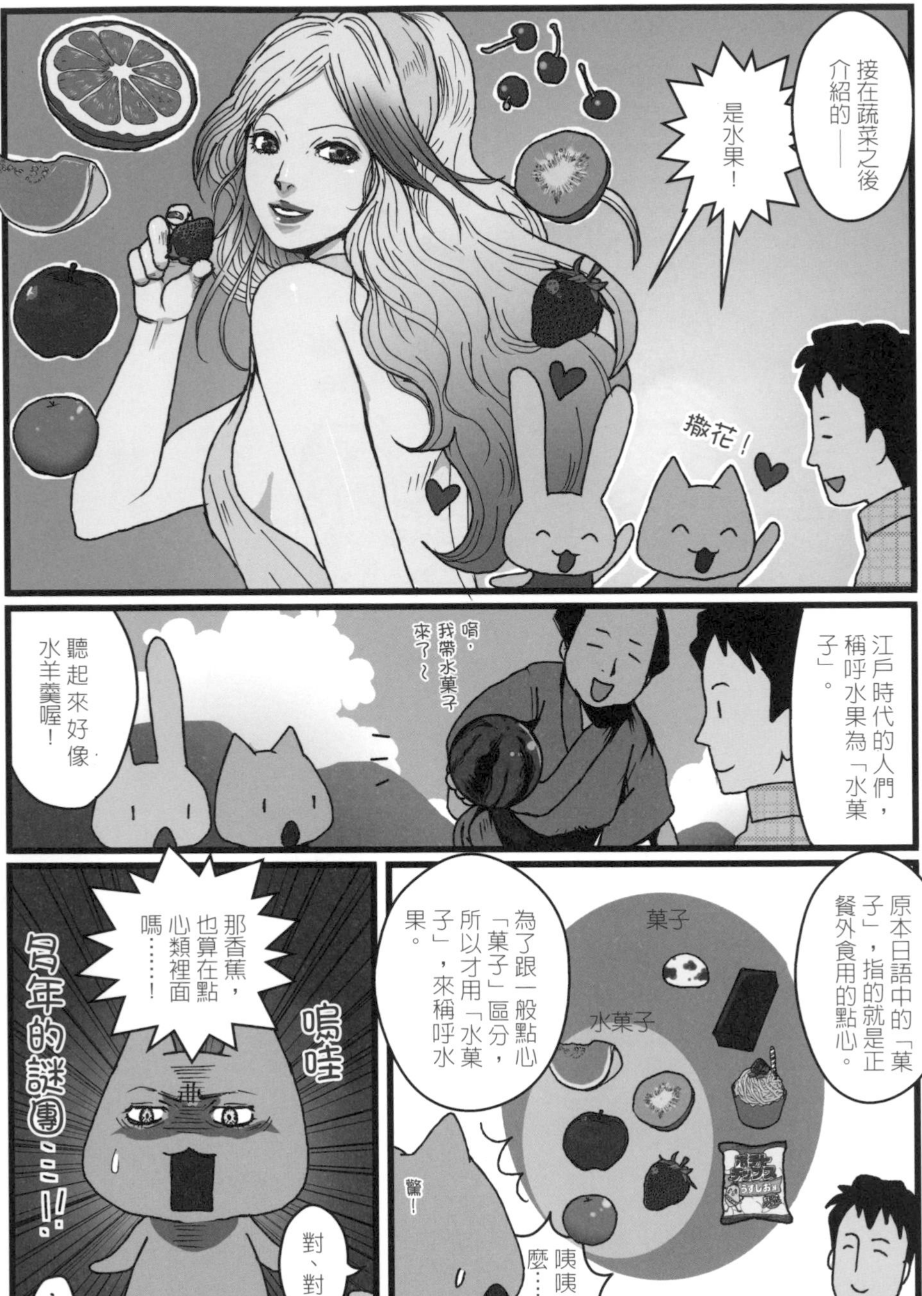

接在蔬菜之後介紹的——
是水果！
撒花！

江戶時代的人們，稱呼水果為「水菓子」。
唷，我帶水菓子來了～
聽起來好像水羊羹喔！

原本日語中的「菓子」，指的就是正餐外食用的點心。
為了跟一般點心「菓子」區分，所以才用「水菓子」，來稱呼水果。
菓子
水菓子
驚！
咦咦，那麼……

那香蕉，也算在點心類裡面嗎……！
嗚哇
多年的謎團……!!
對、對。
……

*出自1697年《農業全書》宮崎安貞著（1623～1697年）。

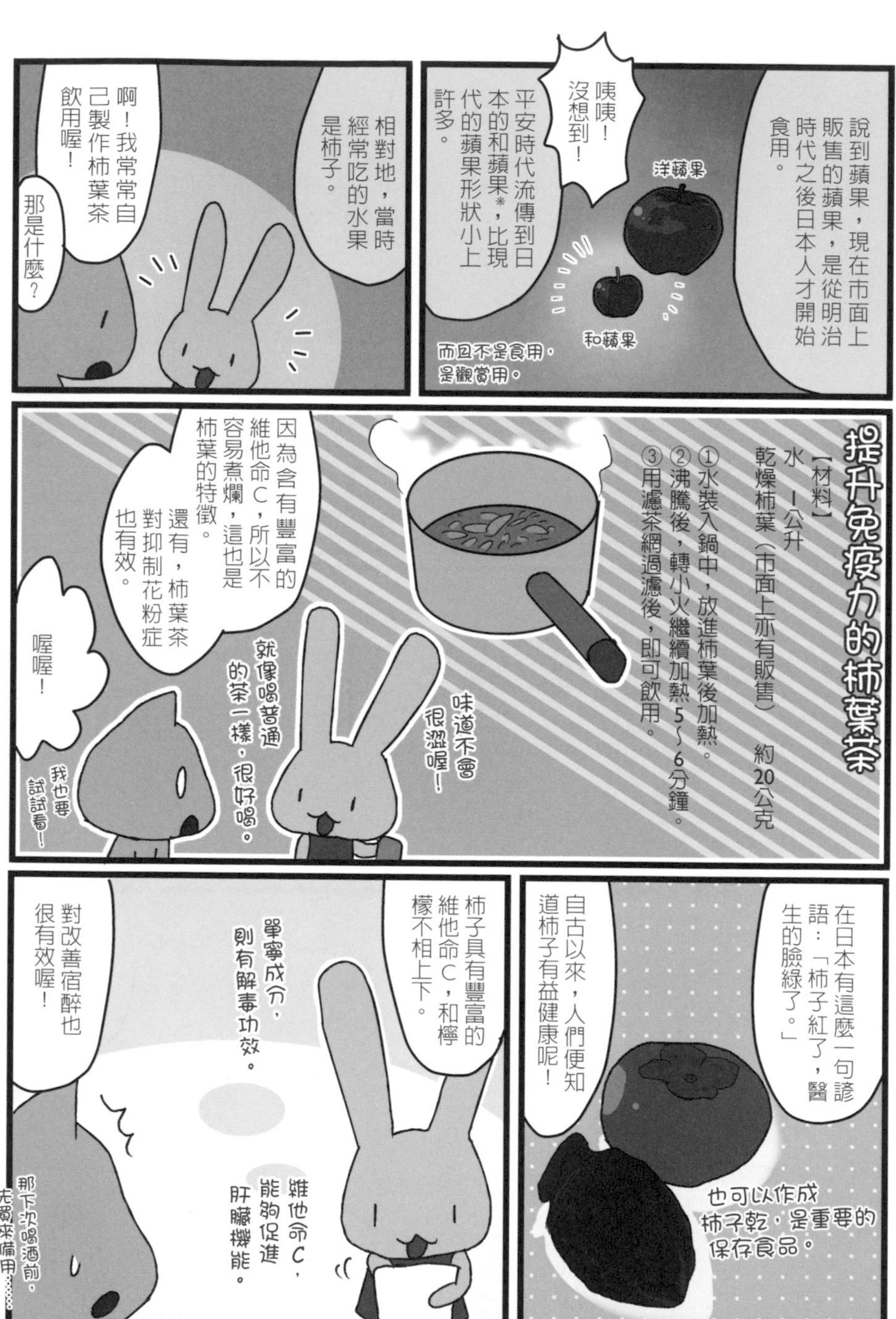

*編按：日本最早由中國輸入的品種。

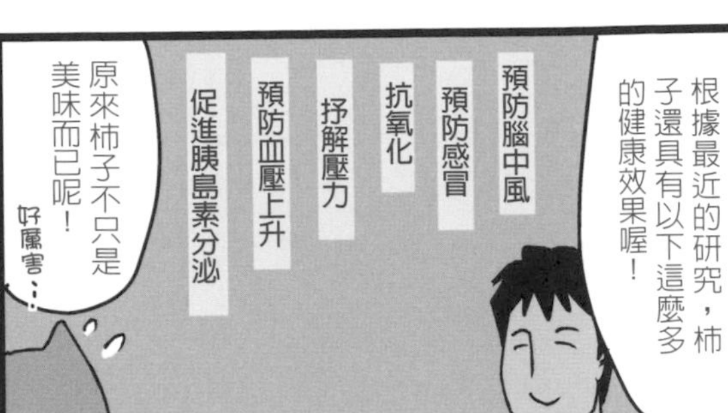

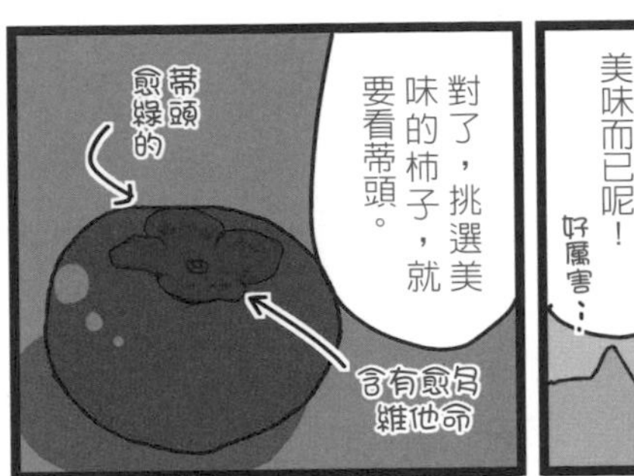

*編按：將艾草點燃後，放在皮膚的穴道上燒灼的一種治療方式。

新鮮和乾燥後的水果，效用不同

在前面的漫畫中已經說明過，柿子的營養價值很高，不過，曬乾後柿子的β胡蘿蔔素含量，大約是生柿子的三倍。此外，鉀含量和單寧含量、食物纖維含量也都在乾燥後增加了。

由此可知水果的營養成分，會因乾燥而產生變化。

食物纖維，會依不同種類的水果，變化程度不同。不過乾燥後，多半是乾燥前的二至三倍。

礦物質的改變，一樣是不同種類的水果乾燥後，含量會有所差異。不過製成水果乾之後，無論是鐵、鋅、鉀、錳或鈣質等礦物質成分，都會增加。

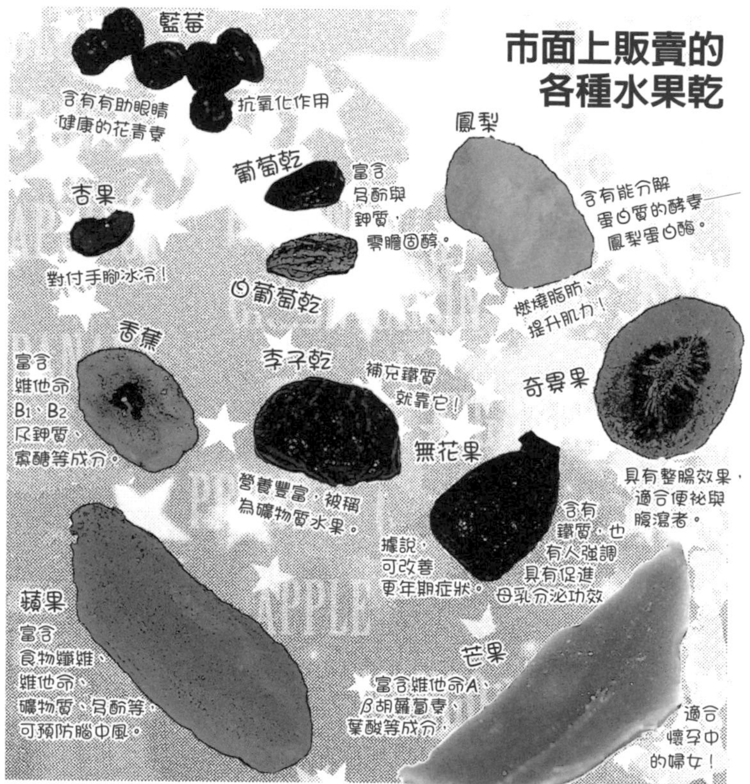

抗氧化物質的含量，則在果皮的部分會含有特別多的β胡蘿蔔素、花青素、新綠原酸等抗氧化物質。

雖然，果乾確實含有許多有助減重的成分，不過基本上熱量也會提高，所以還是避免攝取過多喔！
妳要早點說啊～！！

各種與眾不同的水果乾

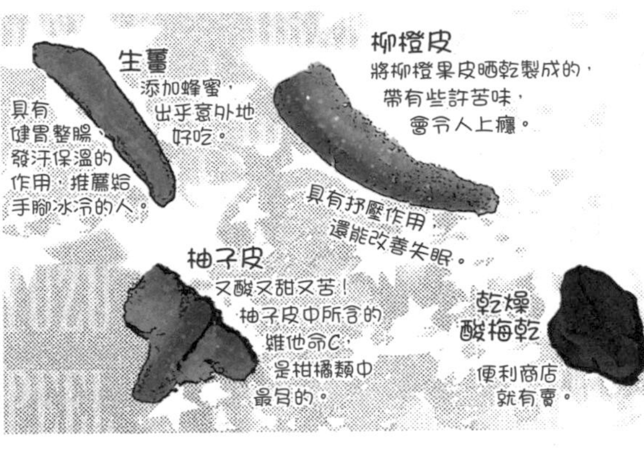

生薑
添加蜂蜜，出乎意外地好吃。
具有健胃整腸、發汗保溫的作用，推薦給手腳冰冷的人。
柳橙皮
將柳橙果皮晒乾製成的，帶有些許苦味，會令人上癮。
具有抒壓作用，還能改善失眠。
柚子皮
又酸又甜又苦！柚子皮中所含的維他命C，是柑橘類中最多的。
乾燥酸梅乾
便利商店就有賣。
因為原本就是晒乾製成，所以營養和普通的酸梅乾沒什麼不同。

番茄
可品嚐到番茄與砂糖結合的美味，具有獨特的青澀後味。
茄紅素具有抗氧化作用；β胡蘿蔔素具有預防癌症的效果。

代表性水果的產季

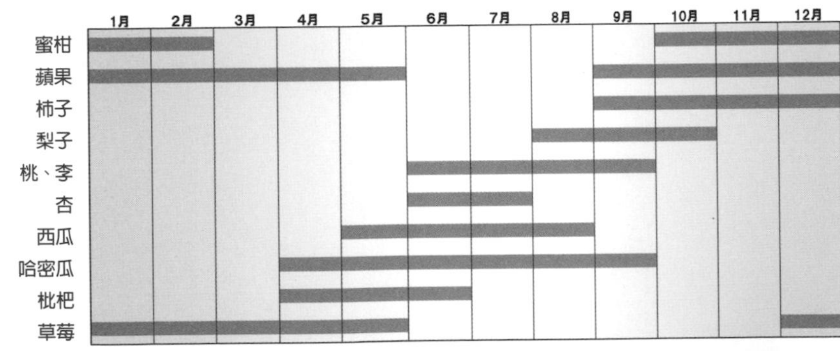

水菓子與和菓子

日語中的「菓子」，在古代泛指水果等一切除了正餐外，依個人喜好選擇的點心類食品。

到了江戶時代，和菓子的種類增多了，為了區別，便將水果稱為「水菓子」。以往，雖然砂糖給人高級食品的印象，但事實上江戶時代後期，量產砂糖的技術已進步許多。砂糖的價格也變得平易近人，因此使用大量砂糖製作的日式點心——「和菓子」，也愈發普及。

吃西瓜撒鹽？還是砂糖？

一提到夏天的食物，就想到西瓜。西瓜在江戶時代，也已經是受到家家戶戶喜愛的食物。不過當時的西瓜，還沒有現代西瓜甜。根據元祿時期的古籍《本朝食鑑》中提及，吃西瓜時必先剖半，挖開果肉加入砂糖，放置一段時間後才加以食用。到了明治時代，西瓜品種經過改良，又甜又好吃的西瓜也愈來愈普遍。

不過直到今天，偶爾還是會買到不甜的西瓜呢！這時，不如就用傳統江戶的作法，試試直接撒上砂糖再吃吧！

曾大受歡迎的甜瓜

提到瓜果類，現代人最熟悉的或許是苦瓜。不過，江戶時代可是有各種各樣的瓜果。其中，尤以滋味清爽香甜的甜瓜最受歡迎。甜瓜是類似哈密瓜的藤蔓植物果實，豐富的香氣也是其魅力之一。江戶時代，沿著今日的西新宿青梅街附近，都是將軍家御用的甜瓜產地。

日本著名的古老童話中，有個《瓜子姬與天邪鬼》的故事，其中的瓜子公主便是從瓜果中誕生。可以說，是從桃子中出生的桃太郎公主版。不過，瓜子公主的故事結局，每個地方流傳的都不一樣。

圖中的人們，聚集在夏天路邊攤旁。左後方的招牌上寫著「御水菓子」，前方賣的是甜酒釀，右邊賣的是麥汁。每一樣都是夏天常見的食物——《江戶大節用海內藏》。

挑著扁擔，沿路叫賣枇杷茶的男人。圖中看得見招牌上寫著「本家京都」四字，因為正值夏季炎熱時期，行人頭上都戴著各式帽子遮陽——《四時交加》。

大家久等了，接下來，我們來談談酒吧！

等好久了喔！

耶！

妳也太開心……

江戶時代的人們，在日常生活中有飲酒的習慣。
寒冷的日子裡，往往先喝一杯，再出去工作。
所以居酒屋裡，總是門庭若市。
住在長屋裡的太太們，送丈夫出門工作後，也會斟上一杯酒，小酌一番。

當時在上方*製造的酒，會以船運方式運到江戶，稱之為「下輸酒」。
應該是日本酒吧？
是的，原料就只有米而已。
運輸時會經過富士山，也稱為「富士見酒」。

因為是從傳統悠久的上方運送過來的，在品質上都還算良好。
所以，某些品質低劣的關東酒，就被稱為「不入流」酒了。
不入流
喔喔——！

*譯按：當時天皇所居的京都等近畿地方，稱為「上方」。

*編按：日本酒可分為普通酒和特定名稱酒，大吟釀酒為特定名稱酒之一。

我喝燒酒不太會醉，但一喝日本酒就會醉的厲害。
有些人，或許在體質上就不適合喝釀造酒喔！
釀造酒？
像是葡萄酒、日本酒、啤酒等，使原料發酵製成的酒，就叫釀造酒。
黒龍
相對地，以沸騰原液的方式去除雜質的酒，稱為蒸餾酒。例如，燒酒、威士忌或伏特加等就屬這一類。
附帶一提，蒸餾酒中因未含蛋白質與碳水化合物，所以卡路里幾乎等於零。
所以，這些酒被認為喝了之後不容易胖。
真～真是太棒了！
ABSOLUT VODKA
JACK DANIEL'S
燒酎
減肥就要喝燒酒！
堅定！
江戶智慧!!
話說回來，喝酒的人談什麼減肥啊……
江戶時代的人，雖然也喝燒酒，但是燒酒被重新肯定其價值，是二次大戰之後的事。
增加體內好的膽固醇
溶解血栓　預防失智
減輕壓力　提升免疫力
抑制關節痛　殺菌
除了熱量低，在燒酒中還發現了各種藥效。
不過，直接喝並不好喝……
是啊──
在這裡，我推薦的是……

*編按：日文漢字寫為「花梨」（Pseudocydonia）；臺灣稱為「寒梅」，木瓜屬，以前直接稱為木瓜。

試著用各種水果，做做水果酒

除了漫畫中介紹的梅酒和寒梅酒外，還有各式各樣的水果酒。甚至還有出版專門介紹水果酒的食譜書喔！

雖然，想把所有水果都作成酒實在有點強人所難。接下來，介紹一些簡單易做的美味水果酒，以及幾種有點與眾不同的水果酒類型。

葡萄梅酒

將原本製造梅酒的燒酒，換成葡萄酒所製成的。要使用紅酒或白酒，都可以。

蘋果酒（西打酒）

這是用蘋果、砂糖以及蒸餾酒作成。可以直接拿來販賣，不過市面上幾乎都是發泡過的蘋果酒。

枇杷酒

用枇杷、檸檬和砂糖浸泡在蒸餾酒中製成，也可使用白蘭地製作。有著宛如杏仁豆腐的香氣。

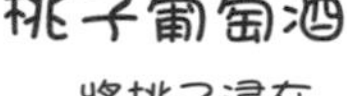

桃子葡萄酒

將桃子浸在白葡萄酒中製成。果肉入口即化、香氣怡人。

柿酒

和寒梅酒一樣，具有鎮咳效果。也含有多量的維他命C，可預防感冒。

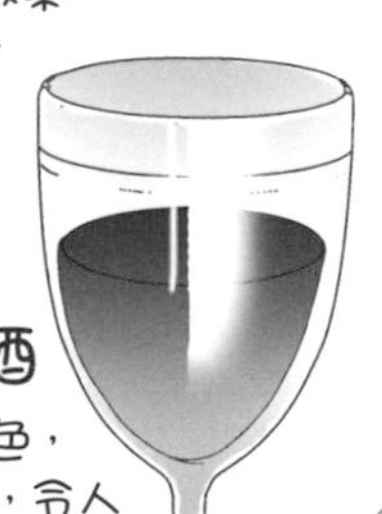

草莓酒

鮮豔的顏色，清新的香氣，令人愉悅的酒。同時含有豐富維他命C，建議最好半年內飲用完畢。

咖啡酒

將咖啡豆浸在燒酒中即可。熱熱地喝，口感非常醇厚。

對感冒有效的酒

常聽別人說：「感冒就要喝蛋酒。」雖然很容易和用白蘭地作成的西洋蛋酒搞錯，但對感冒有效的，是使用日本酒作成的日式蛋酒。

請務必試著按照下面食譜中的說明，親手製作一次。漫畫中提到對感冒喉嚨痛有效的寒梅酒，也可以照著試試看。

此外，聽說有些國家也會在感冒時，飲用熱的葡萄酒或酒精濃度較高的水果酒，來幫助緩解症狀。

可以多方嘗試，找出最適合自己體質的水果酒吧！

蛋酒的製作方法

- 日本酒 200毫升
- 蛋 1顆
- 砂糖或蜂蜜 2.5大匙
- 生薑榨汁 隨個人喜好添加

① 將日本酒放進小酒瓶裡，隔水加熱。

② 打蛋，加入砂糖和生薑汁。

③ 注意別讓蛋液凝固，一點一點地把酒加進去即可。

完成!!

愛喝酒的江戶人們

日本酒廣為民眾飲用，並出現各種品牌百家爭鳴，正好就是從江戶時代開始的。當時喝酒的人口眾多，即使天還沒黑、也滿不在乎地開始喝酒。尤其是冬天，人們經常為了暖身而喝酒。從各種當時的繪圖中，可見斟酒的容器相當大。幸好當時還沒有汽車，也不用擔心酒駕的問題囉！

健康的燒酒

日本時代劇中常見外科治療前，會出現醫生先含住一口酒噴向患者傷口的畫面。這時使用的一定是酒精濃度高的燒酒。據說，是從吉良上野介被淺野內匠頭砍傷療傷時（編按：淺野長矩，多以官名「內匠頭」稱呼之。因心懷不滿而砍傷吉良上野介），使用燒酒後開始的。

這樣的燒酒，拿到俳句中就成了夏天的季節語。一七一二年出版百科事例《和漢三才圖會》中提及，喝燒酒可消除夏季疲倦的症狀。燒酒的產地九州和沖繩，都屬於夏季非常炎熱的地區。做為在這些地區經常被飲用的燒酒，確實相當合情合理。

當醬油用的煎酒

在醬油尚未普及前，日本人使用「煎酒」做為類似的調味料。如果要自己作的話，可將酸梅乾加入日本酒中熬煮，再撒上花鰹作的柴魚片。此外，也可依照個人喜好，加入用昆布或乾香菇熬出的湯底。

在江戶時代之前就為人們使用的煎酒，在醬油日漸普及之後就漸趨式微了。不過，在烹調某些食物時，煎酒清爽的滋味其實比醬油更加適合。除此之外，建議也可用來搭配白肉魚的生魚片。有些人更主張：「生蛋拌飯就是要淋這個！」推薦大家可以嘗試看看哦！

鍛造刀具的師傅，休息時也會來上一杯。左側後方放置的，是調節火力時使用的搧風道具「風箱」——《都會節用百家通》。

圖正中央的男人怎麼看都是喝醉了。無法獨立行走，得靠在朋友肩膀上讓人送回家——《永代節用無盡藏》。

天亮囉——

唔唔～酒喝太多了……
真不想起床……
啊啊，頭好痛喔！
可怕的宿醉

這種時候——！
？

接下來，要談談有關茶的話題。
哈囉——
妳好——
你們兩個，是從哪裡進來的！
呀啊啊啊
呀啊啊啊啊
啊啊啊啊!!!

茶…？
頭還在痛
沒錯！

？！
啜飲——
咕嘟咕嘟

……喔？

茶葉裡，含有許多能改善宿醉症狀的營養素喔！
建議大家，可以在喝酒前後喝點茶。
兒茶素
保護胃部黏膜
維他命C
能分解乙醇（喝酒後產生的有害物質）。
咖啡因
幫助頭腦清醒；利尿作用可帶來解毒效果。
單寧酸
抑制酒精吸收；具利尿作用。

因為茶實在是太隨手可得的東西了，我從來沒留意過呢！
稍微復活了
啊
妳別客氣
是不是！在日本，可是從很久前的平安時代就開始喝茶了唷～

不過，當時會喝茶的還只是少部分人。
謝謝！
請喝
說起來，茶是平安時代從中國唐朝傳來的，那時還只是僧侶們用來趕跑睡意的提神劑。
打盹……
大口喝——
被當成是一種喝了就會有精神的藥！

直到日本也開始栽培茶葉之後，江戶後期開始，茶才成了庶民生活中不可或缺的東西。
喔——
現代喝茶的形式，也是在江戶時代確立的。
以前都是這種

剛才口中都還充滿垃圾般的味道……
呼——
現在才發現，喝茶之後，呼氣都沒有臭味了。
嗯——
這都是拜茶葉的殺菌效果所賜。
在貝原益軒*的《養生訓》中，也提倡用茶水來漱口。
貝原養生訓
咔啦
咔啦
咔啦
晚上用加鹽茶水漱口，可以讓牙齦更加健康。
原來茶不只可以用來喝呢！
還有呢？還有呢？
其他還有……
這是人家新買的地毯耶！
拿去。
？
嘩啦
你要做什麼!!?
呀啊啊啊啊
茶葉渣能吸附塵埃，同時還有除臭的效果。
喔喔——

*編按：日本江戶時代的儒者、本草學家。

因為不會傷害榻榻米表面，所以很適合用來打掃和室。
用抹茶擦拭榻榻米表面，還能恢復色澤。
此外，洗澡時還可以當作泡澡劑。
肌膚會變得很滑嫩喔！
將茶包放進浴缸
這樣就可以了～
把乾燥的茶葉渣放進冰箱，可以消除魚肉的腥臭味。
這邊也是用茶包就可以
好厲害⋯⋯
茶葉還能當作肥料。
茶葉中含有大量的蛋白質，不管泡過幾次都不會被破壞。
使用訣竅是，乾燥後撒在土上，再輕輕蓋上一層泥土。
茶葉，真的從頭到尾都沒有絲毫浪費之處呢！

關於茶葉的各種知識

綠茶、紅茶、烏龍茶……世界上有著各種不同種類的茶。但是，這些茶原本都來自茶葉。日語中的「茶」（チャ，CHA），發音來自廣東話中的「茶」；英語中的「Tea」，則是來自中國福建方言的「茶」。

其實，上述不同種類的茶，其差異就來自製造方法。紅茶是先將茶葉乾燥後發酵製成的；綠茶是先蒸再煎炒，藉由加熱處理停止發酵作用。另外，烏龍茶則是在半發酵狀態下乾燥製成的。

如何沖泡美味的茶？

在有關水的章節中曾提過，由於日本的水屬於軟水，即使使用水龍頭流出的水，也能沖泡出美味的茶。

如果想要更講究的話，可以先試試利用淨水器，去除水中的次氯酸鈣。如果沒有淨水器，可將沸騰過的水放置一個晚上，也能去除水中的氯。

此外，接觸過空氣的茶葉品質會逐漸劣化，開封使用後，請存放在密封容器中，再放入冰箱內保存，才能確保新鮮度。

過期的綠茶改製成焙煎茶

「還沒開封，卻不小心過了保存期限的昂貴綠茶！」我相信，這是經常發生的事吧？

這種時候，可以試著焙煎茶葉，作成焙煎茶。

將茶葉放入平底鍋或砂鍋，用小火加熱，同時慢慢拌炒。當傳出茶香時便可熄火，放涼之後裝入密封容器即可。

拌炒時務必注意不要燒焦，接著就可盡情享受——剛炒好、香氣芬芳的焙煎茶了。

如何沖泡出好喝的茶？

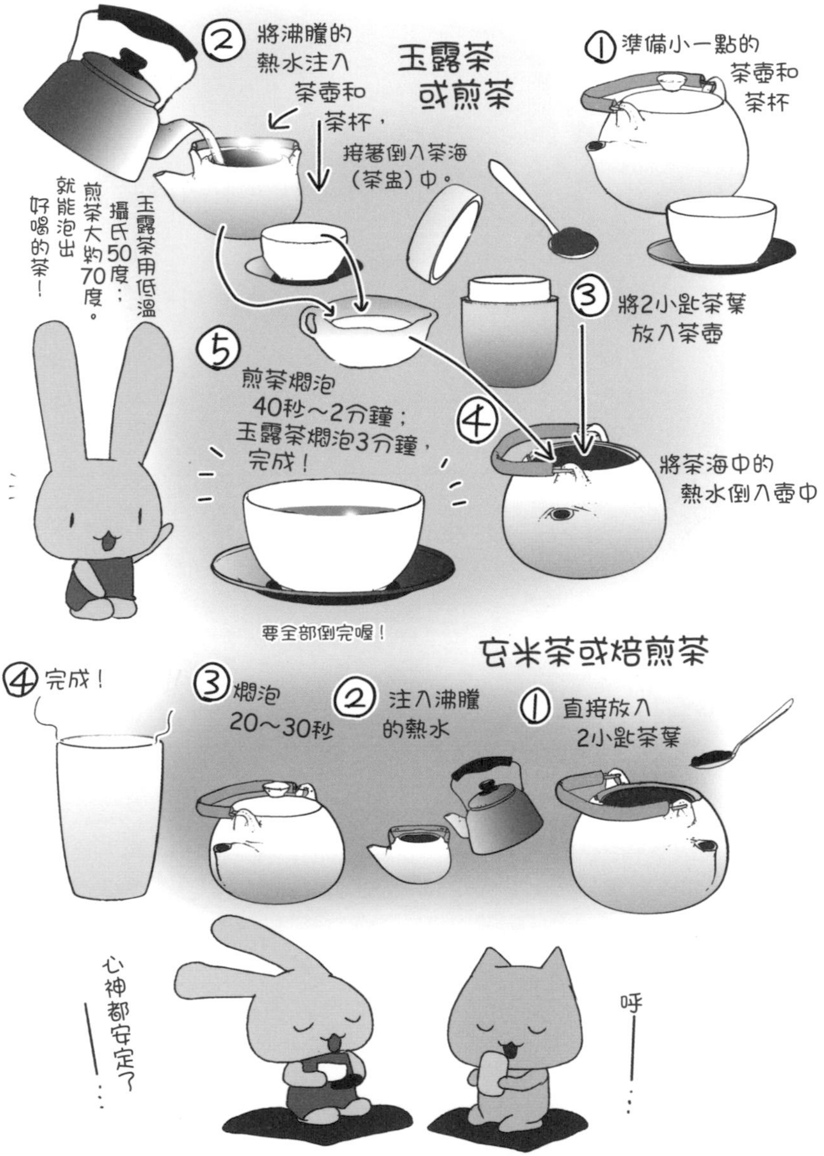

玉露茶或煎茶

① 準備小一點的茶壺和茶杯

② 將沸騰的熱水注入茶壺和茶杯，接著倒入茶海（茶盅）中。

③ 將2小匙茶葉放入茶壺

④ 將茶海中的熱水倒入壺中

⑤ 煎茶燜泡40秒～2分鐘；玉露茶燜泡3分鐘，完成！

要全部倒完喔！

玉露茶用低溫攝氏50度；煎茶大約70度。就能泡出好喝的茶！

玄米茶或焙煎茶

① 直接放入2小匙茶葉

② 注入沸騰的熱水

③ 燜泡20～30秒

④ 完成！

心神都安定了……

呼——……

從抹茶到煎茶的歷史

茶在鎌倉時代傳入茶葉種子、加工方法，從此廣為生產。這時人們喝的茶，只有將茶葉磨成粉全部喝下肚的抹茶。

像現在這樣用熱水沖泡的煎茶，從室町時代（一三三六至一五七三年）才開始出現，而且一直要到江戶時代之後，才成為普及的喝茶形式。

隨著煎茶形式普及，開始出現「茶葉渣」這種副產物之後，許多環保的智慧就此誕生。

不可或缺的焙烙

江戶時代，家家戶戶必備一種未上釉陶器——焙烙。焙烙原本是一種用來焙煎豆類的器具，到處都能買到。直到現在，市面上依然買得到這種焙烙。只要使用焙烙，就能輕鬆做出焙煎茶。

高級品牌茶的笑話

綠茶，就和銘酒或地方特產酒類一樣，也有產地和品牌之分。在江戶時代，除了京都的宇治茶外，靜岡茶也頗受好評，名聲傳遍全日本。

許多有名品牌茶的名稱已成為社會常識，若是不了解還可能鬧出笑話。

有這麼一個關於品牌茶的小故事。一個男人想不起來朋友家出產的高級品牌茶名稱，努力回想下，好不容易擠出來的名稱卻是「足弓」。原來，他指的是產於靜岡茶發祥地的品牌茶——足久保茶。因為「足久保」在日語中的發音，近似「足底凹陷處」，令他靈機一動聯想出「足弓」這個名字來。

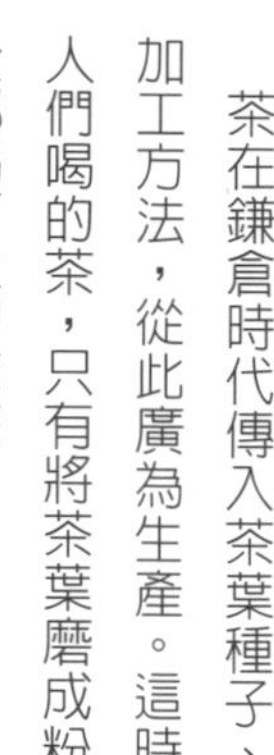

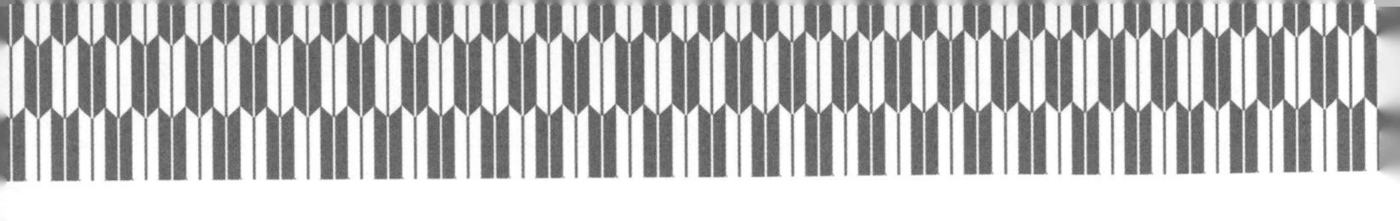

挽起和服袖子採茶的人。宇治採茶人所唱的歌中，有「只要看到那個，就知道在採茶，橘紅色的和服背帶和菅草做的斗笠」的歌詞──《增補女大學寶箱》。

百科事例中，刊載的泡茶法旁隨附的插圖。喝茶是當時上流人士的嗜好，對一般庶民來說實在高不可攀──《增補文章大全》。

我不大擅長烹飪，所以都選了些簡單的……

以下介紹，是從《豆腐百珍》或《名飯部類》等江戶食譜中，精選出來的料理，並改寫為適合現代烹飪的方式。

（改編自《豆腐百珍》中的食譜）

· **材料（約4人份）**

豆腐	1塊（或300公克）
白蘿蔔泥	120公克
白飯	450公克（或約4碗飯）
醬油	依個人喜好

· **作法**

1.去除蘿蔔泥的水分。
2.將豆腐切成約小指頭長的條狀。
3.把水倒入鍋中燒開，將步驟2的豆腐放入加熱。
4.在熱過的飯碗裡裝入熱豆腐，盛上溫熱的白飯。最後將蘿蔔泥疊上去，再按照口味喜好淋上醬油。

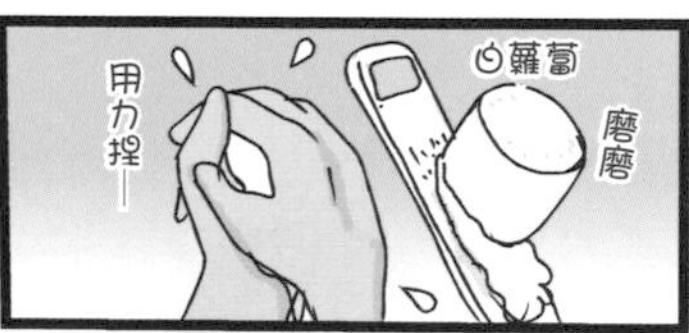

やまぶきめし

山吹飯

（改編自《名飯部類》中的食譜）

· **材料（約4人份）**

米	2合（300公克）
水	480毫升
蛋	3顆
芹菜	4支
湯頭	600毫升（柴魚熬的湯頭600毫升、鹽1/2小匙、醬油1小匙）

· **作法**

1.準備份量內的水炊米煮飯。
2.在鍋中放入熱水，再放入蛋、蓋上鍋蓋煮熟。水沸騰後煮5分鐘熄火，再保溫5分鐘，作成水煮蛋。
3.將水煮蛋的蛋白和蛋黃分開，分別過篩；芹菜切成末備用。
4.炊好的白飯放進碗中，放上步驟3的蛋和芹菜，淋上溫熱的湯頭即可食用。

*譯按：日語中的山吹色，指的是黃花般的鮮豔黃色。

茶葉裡，含有許多能改善宿醉症狀的營養素喔！
建議大家，可以在喝酒前後喝點茶。
兒茶素
保護胃部黏膜
維他命C
能分解乙醇（喝酒後產生的有害物質）。
咖啡因
幫助頭腦清醒；利尿作用可帶來解毒效果。
單寧酸
抑制酒精吸收；具利尿作用。

第3章

度過夏冬、預防災害的生活智慧

沒有冷氣的夏天

接下來，要介紹江戶的人們是如何度過悶熱的夏季。
最近已經很少看到小孩作這種打扮了……
咦咦～！
有什麼關係嘛，開冷氣就好了。
好啦、好啦。
嗶
嗶
STOP!!
呀啊啊啊啊！
啊啊，突然提不起勁了……
悶熱
是啊，其實這也是江戶智慧。
太誇張了
我實在很不耐熱啊……
瞬間擴散的汗海
咦？
夏天太熱了，沒有辦法工作，只好一邊休息、一邊工作了呢～
因為就是這麼熱啊～
所以，妳這樣也沒關係。
豁出去！
什麼跟什麼嘛！
大驚——!!

話說回來，江戶時代的夏天也和現在一樣熱嗎？
應該比現在稍微涼快一點。
因為，當時還沒有溫室效應。
即使如此，人們還是必須度過沒有冷氣的夏天……
真是難以置信！
掛上竹簾，涼快舒適！
①在窗外掛上竹簾
②可防止日光直射，房間溫度不會上升，涼快舒適！
不能掛窗簾嗎？
重點是掛在窗外。
掛在室內的窗簾，會因為窗簾本身升溫，使室溫跟著上升。
相對的，屋外的竹簾不會改變室溫，才能得到涼爽。
最近，使用植物作的簾子也增加了。
在並排的竹子上，種植小黃瓜或是苦瓜等爬藤植物。
這些都是上一章中提過，能為身體降溫的食材。
收成之後，一箭雙鵰。

身體不適時，喝甜酒釀！
雖然，現在甜酒釀給人的印象是，天氣冷時才會飲用。
冰凍之後，喝起來更美味。
其實，甜酒釀也被稱為「用喝的點滴」，當中暑、食物中毒或身體不適時，是最適合飲用的飲料。
所以，也能改善夏日的身體倦怠。
好喝！
冬天熱熱喝，再磨一點生薑一起飲用，更加美味。
在蕎麥殼枕頭裡，加菊花！
一般市面上就有販售
蕎麥殼枕頭能解除悶熱，在炎夏中非常適合。
可在裡面加入乾燥的菊花瓣，增添香氣。
聽說，這在江戶時代被認為可以「治頭痛」呢！
也可以放進洋甘菊茶的茶包。
我之前調查過了！
菊花的香氣，似乎具有鎮定中樞神經的效果。
我對菊花的印象，只有拿來供佛而已。
對了，夏天最常見的團扇和風鈴，原本都是用來除魔解厄的道具喔！
搧搧
叮—鈴
糟了！
妖怪
快逃
以前的人認為，風會帶來疾病還有瘟神。
所以認為風鈴的聲音，能夠除厄。
喜歡這種小常識
嘿——!!
……
嗯～～……

識，我是有聽懂啦！
可是，有沒有什麼能夠一口氣變涼快的方法呢？
這樣啊～江戶時代的人雖然也會灑水、潑水……
但是說到底，夏天本來就很熱嘛！
毅然貌
……啥？
於是，江戶的人們乾脆放棄，好好享受夏季。
像是和服的圖案、風鈴的聲音，都能帶來一絲清涼的感受。
也充分享受著，在涼爽夏夜裡散步出遊的樂趣。
唉，那麼如果真～的～很熱時，又該怎麼辦？
睡午覺或是夜遊囉！
耶嘿
什麼跟什麼嘛！
哎呀，這聽起來也不錯啊！
我就是怕熱體質啊，該怎麼辦才好嘛！
麻質浴衣，穿起來好舒服
那麼，就讓我們來看看江戶人，是怎麼度過夏夜吧！
隨興

度過炎炎夏日的涼爽祕訣

在這裡做個補充，漫畫裡提到以綠色植物作成的簾子，除了小黃瓜和苦瓜外，山苦瓜、絲瓜、倒地鈴、牽牛花等都是不錯的選擇。實際上試著種植之後，有時室內和室外的溫度，甚至相差攝氏十度以上，請務必嘗試看看。

此外，灑水也是一個耳熟能詳的簡易降溫方式。只要在發燙的地面上，潑點水就行了。

雖然，在氣溫特別高的正午，並沒有太大的效果。不過，早上、下午或傍晚時這麼做，大約可以降低攝氏一到兩度。

近年來，為了防止過度使用空調浪費電力，日本也曾發起「全

國灑水日」的運動，讓灑水成為更普遍的事情了。

花點心思使用電風扇

只要少許電力便可運轉的電風扇，是對錢包和環境都有好處的家電。不過，它的冷卻機能就是沒有冷氣高。

這時，只要多花點心思就行了。首先，準備空的牛奶紙盒，裝水後再放進冰箱冷凍庫。接著，取出凍結後的柱狀冰條、放在盤子上，擺在電風扇前。按下電風扇開關，吹過冰塊的冷風，就能讓屋子裡變得更加涼爽了。

為身體降溫的有效方法

肌肉抽筋、臉色潮紅、感覺身體發熱等，都是中暑的徵兆。此時，請使用冰塊或冷水，盡可能地早點為身體降溫吧！降溫時，可將冰塊或冷水貼近脖子或手足根部，更能有效降低體溫。

在團扇上加料

如果想讓平常使用的團扇，用起來多一層涼爽，建議可利用薄荷油。薄荷油在藥局就可買到，二十毫升大約一千日幣。

也可以塗抹在太陽穴，具有緩和頭痛的效果。

重新檢視穿在身上的衣物

「明明是夏天穿的衣物，為什麼浴衣穿起來那麼熱？」你是否也曾有過這樣的疑問？

其實，這是因為現代浴衣使用的材質都是人造纖維——聚酯纖維，那是一種「冬冷夏熱」的材質，用它製成的衣物自然無法幫助降溫。

在炎熱的夏季，如果要穿浴衣或甚平（男性浴衣），請選擇亞麻等透氣性良好的材質為佳。當然，一般的衣物也是一樣。配合季節選擇衣物布料的材質，可以讓生活過得更加舒適愉快。

而聚酯纖維的好處，是可以輕鬆在家洗滌。只要配合氣溫和身體狀況使用，就沒問題了。

幕府明文規定陽傘的使用族群

夏季裡除了想辦法變涼快，也可以嘗試讓自己感覺涼快點。例如，利用衣物上的千鳥紋。這種模擬微波蕩漾的紋路，想必在夏日裡療癒了不少人。雖然，千鳥是冬季的季節語，江戶時代的人們卻能從熱得頭昏腦脹的暑氣中，從波千鳥的紋路裡感受到絲絲涼意。不過，對於總是在冰店招牌或浴衣上，看見這種花紋的現代人來說，會不會早就將千鳥誤會成夏天的鳥呢？

成年男子禁用陽傘

提到陽傘，一般都認為是夏季裡、女性不可或缺的用品。江戶時代的幕府，甚至明文規定，禁止成年男子使用陽傘。被准許使用的只有僧侶和醫生，以及女性和兒童。原因是，如果僧侶或醫生因中暑而昏倒，將會造成眾人困擾，所以特別准許他們使用。女性和兒童則被認為需要陽傘來保護，才不會受到暑氣侵害。

在當時的繪畫中，常可看見母親背著幼兒，一手提著包袱、一手撐著陽傘的姿態。在炎炎夏季，一定更吃力了。無論什麼時代，母親的力量都是那麼無敵。

為什麼怪談都在夏天？

在日本，怪談、鬼故事等也是夏日特殊的風情之一。一到夏天就要說鬼故事，是從江戶中期之後發展出的風俗。這和歌舞伎場的文化有關。當時的建築不開大窗，室內也沒有空調，一到盛夏，室內就悶熱得如同洗蒸氣浴一般。主演的大牌演員們，常以地方公演為藉口，紛紛跑到溫泉勝地度假避暑。被交付表演重任的年輕一輩演員和劇本家，趁此機會，實驗性地上演使用大量道具的怪談劇本。沒想到大受好評，很快地造成流行。至於現在有些人說，夏天流行說鬼故事是由於驚嚇之餘，毛骨悚然正好可以消暑，就是後人的穿鑿附會了。

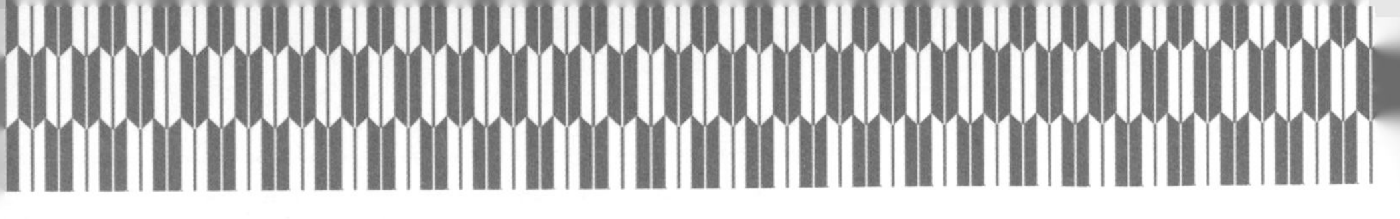

在樹蔭下乘涼的男人們，裸著上半身。一邊擦汗、一邊搧扇子——《永代大雜書萬曆大成》。

百鬼夜行圖。主要傳達藉由誦經之力擊退妖魔鬼怪，宣揚佛法功德。在古老傳說裡，妖怪總出現在各種場景之中——《永代節用無盡藏》。

我聽說，以前的人都是日出而作、日落而息，天黑就睡了，是真的嗎？
其實，事實未必如此喔！
江戶時的人們，出乎意外地喜歡熬夜。

當時，隨行燈和提燈等照明設備已非常發達，入夜後還醒著的人也因此增多。

晚上不睡都做些什麼呢？
江戶時代，人們還滿喜歡閱讀的喔！

*長友千治代《近世貸本屋的研究》、東京堂出版。

江戶時代有很多租書商，還會為客戶挑選適合的書，包送到府。
某種形式上，算是直營市場呢！
就像網路書店的推薦商品那樣？
那是什麼，好有趣啊！
……就不會一個不小心借到「18禁」的書了。
特別是男生……！

晚上閱讀時，若感覺到肚子有點餓，就會出門去路邊攤吃麵之類的宵夜。

另外，晚上有些地方也有相聲表演，可以去觀賞。
咚
哇哈哈哈哈
相聲？那芝居*呢？

白天時，雖然會上演芝居，但夏天實在太熱了，劇場總是門可羅雀。
所以，夏天的劇場都會讓年輕一輩的演員表演。

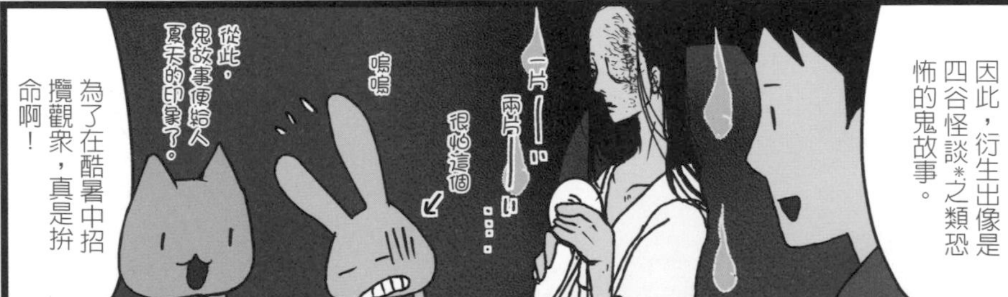

因此，衍生出像是四谷怪談*之類恐怖的鬼故事。
一片——兩片——……
很怕這個
嗚嗚
從此，鬼故事便給人夏天的印象了。
為了在酷暑中招攬觀眾，真是拚命啊！

*編按：日本戲劇藝術的起源，形式近於話劇。
*編按：靈異故事集。

百物語*，在神祕學愛好者之間，也很有名。
啊，就是有一百個怪談的那個吧？
抖個不停……

沒錯。據說將一百個怪談全部說完後，真正的妖怪就會出現。
這也是有正式規矩和作法的喔！

就算不是夏天進行，也可以。只要選一個新月*的夜晚。

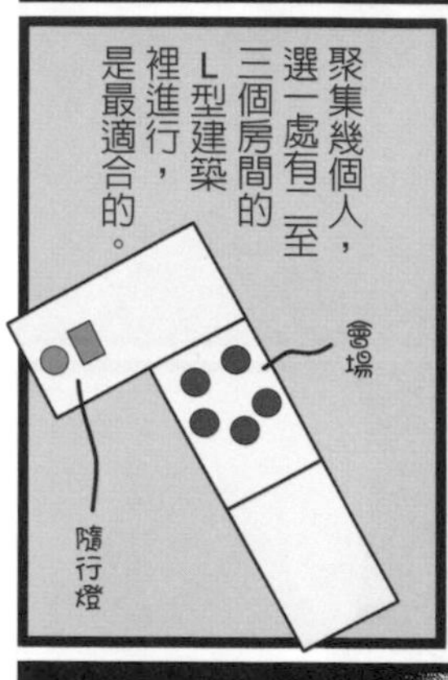

聚集幾個人，選一處有三至三個房間的L型建築裡進行，是最適合的。
會場
隨行燈

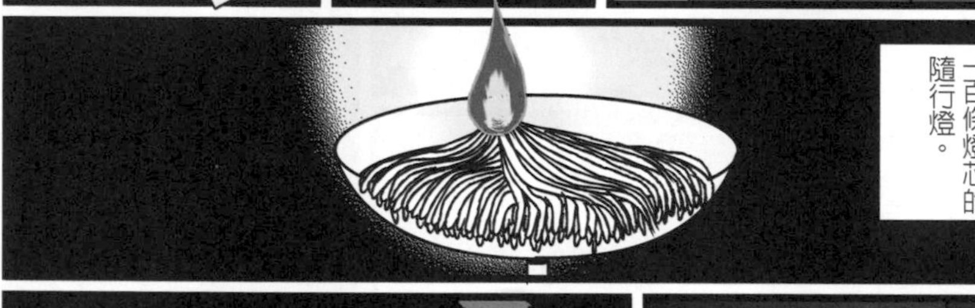

在最裡面的房間，放置有一百條燈芯的隨行燈。

前方放一面手鏡。
隨行燈上，貼著一張青色的紙。

一身青衣的參加者們，開始各自說起怪談。

*編按：日本傳統的怪談會之一。
*編按：陰曆月分的第三天晚上後出現的月亮，又稱三日月。

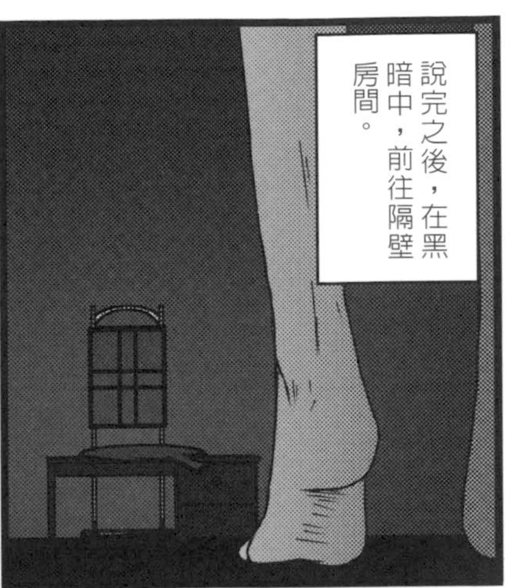

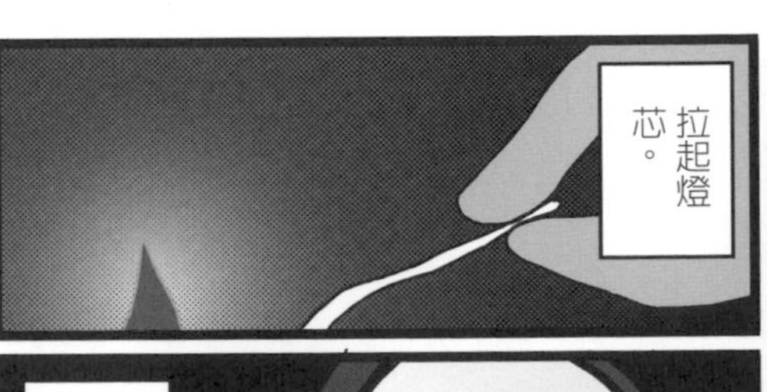

*編按：江戶時代有兩家煙火商：玉屋（TAMAYA）、鍵屋（KAGIYA）。放煙火時，民眾會分別替兩家加油。此為玉屋加油聲。

夏天的飲食及生活智慧

雖然夏夜有許多娛樂活動，但日本夏季的熱帶夜還是燠熱難眠。以下要介紹的就是一些度過夏夜的方法。

除了一三三頁介紹過的蕎麥殼枕頭外，在枕頭中放進紅豆也是不錯的作法。先將紅豆放進冰箱冰過後，再裝入枕頭中，就能享受清涼暢快的睡眠時光了（不過，這種枕頭容易招蟲，必須多留意……）。

此外，大賣場買得到的草蓆床墊也很值得推薦。

用藺草製成的草蓆床墊，吸溼效果約是棉製品的三倍，因此能夠吸收睡覺時產生的汗水，提升睡眠品質。再加上藺草的香氣具有抒壓效果，促進安眠。

睡不著、懶洋洋的日子裡……

身體累積了太多疲勞時，請攝取能提高肝臟機能和免疫機能的食物。

常喝的蜆仔味噌湯，含有促進肝臟解毒作用的牛磺酸，此外也含有大量鐵質，推薦貧血的人可以吃吃看。

也可以將昆布切成三公分大小、浸泡在一杯水中，作成清涼好喝的昆布水，也很不錯。昆布中含有碘和褐藻素等成分，能提高基礎代謝和免疫機能。

夏日出遊後的身體照護

娛樂活動眾多的夏季時期，也是肌膚和頭髮容易受到強烈日光照射，而造成損傷的時期。

請勤於保養照護，可別把受損的肌膚和頭髮帶到冬天喔！

針對晒傷的肌膚

針對晒傷的肌膚，蘆薈有相當好的療效。

切下約二十公分的蘆薈葉，擠出葉子裡飽含的果凍狀樹液、約五十公克，加入純淨水中。輕輕拍打在晒傷發燙的肌膚上，能夠預防晒斑和細紋。

此外，也可以利用桃葉。桃葉除了治療晒傷外，甚至能改善皮膚病，是很優質的植物。

將桃葉徹底洗淨後，放在陽光下晒乾，大約五公克的桃葉要加入五百公克的水，再加熱煮至沸騰。轉小火繼續熬煮十分鐘，用篩子過濾後即成。可以直接拍打或敷在臉上。

另外，可以試試泡泡紅茶澡。只要將兩個紅茶茶包，丟進浴缸就可以了。紅茶中含有單寧成分，能鎮定發炎的部位。

針對乾燥的頭髮

將蛋白打發，搓揉在打溼的頭髮上，靜置十分鐘。

如此一來，蛋白質將滲透髮中，讓頭髮恢復光澤。長髮的人約使用五顆蛋白，短髮約兩顆蛋白份量，請適量調整。

蘆薈請在四天內用完；桃葉請在兩天內用完。

晒傷的肌膚，就使用蘆薈水來鎮靜。
呀喝——!!

享受江戶之夜

江戶時代，愈來愈多人晚上不睡覺了。尤其是在江戶、京都、大阪等都會區，這種現象更是盛行。有時是和朋友聊天聊到忘了時間；有時是沉浸在書海中，這方面的理由，其實和現代人大同小異。另一方面，以務農維生的偏鄉人們，基本上則是必須盡量早睡早起，準備隔天的工作。

晝行燈的意義

江戶時代最具有代表性的照明設備，就是隨行燈（日文漢字即「行燈」）。名稱中的「行」字名符其實，原本是用在外出行走時使用的照明器具。燈油使用的多為菜籽油或魚油。其中，魚油主要是以沙丁魚為原料，雖然味道有點重，但是價格頗為實惠。

不管哪一種隨行燈，亮度都和現代的小圓燈泡差不了多少。這也是日語中將派不上用場的人，稱為「晝行燈」的由來。因為在日光下，隨行燈的亮度幾乎等於零。儘管如此，在夜裡還是可以派得上用場。江戶時代的人們，如果見識到現代電燈，一定驚訝得瞠目結舌吧！

傍晚餐→晚餐→宵夜

一旦照明設備進步，晚餐時段就從太陽下山前的「傍晚」，變成日落後的「夜晚」了。江戶時代，在早餐與晚餐之間吃午餐的習慣已經普及。為了在外出時也能享用中餐而誕生的發明，就是舉世聞名的「便當」。

吃宵夜的習慣，也是從江戶時代開始。曾有一個笑話：某人從鄉下到江戶工作，有人請他吃田樂（將豆腐串起、沾味噌醬燒烤）當宵夜。但他並不知道這個新詞彙——宵夜（日語為夜食），誤把「夜食」當「矢食」（譯按：日文發音相近。矢食，是用箭矢比喻竹串的田樂和米飯），於是當對方邀請他再來一份時，便答非所問地說：「這兩樣都吃得夠多了。」

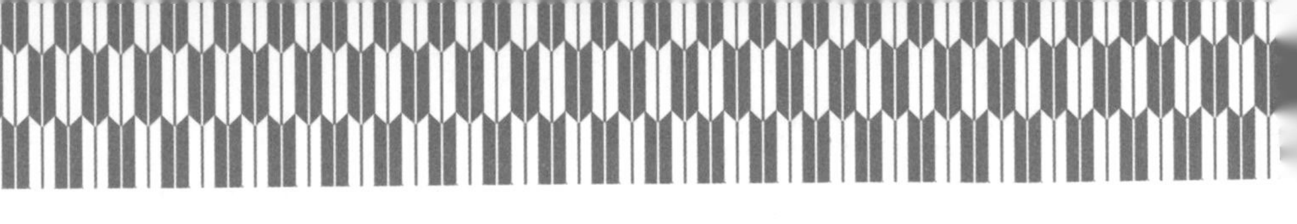

圖中拿掉隨行燈的紙罩後，在菜籽油燈的光線下讀書。後方是書箱，拉開紙門讓月光照進來，以當時照明水準來說，算是相當明亮了——《萬歲雜書》。

江戶時代的人們，在燠熱難眠的夏夜不勉強自己入睡，隔天再以午睡補眠。畫中主角，在睡著之前似乎還讀著書——《永代大雜書萬曆大成》。

如何度過酷寒冬天？

接下來，來談談如何跨越寒冬的智慧。
江戶時代（末期）的冬季裝扮
高僧頭巾（用一片布纏繞在頭上）
手巾（風特別強時使用）
羽織罩衫（原本是男性專用，從江戶後期起，女性也會穿。）
2000年後常見的冬季裝扮☆
耳罩、口罩、圍巾
其實，日式房舍無論如何就是很冷呢……
位於九州的老家，也是冷得跟什麼一樣，冬天都不想回去……
我懂、我懂！
還是氣密性高的公寓，溫暖舒服多了。
不過住日式的傳統房舍，別有一番風味嘛！
說到江戶的室內暖氣，就是火缽了。
在那周圍架起木框、蓋上棉被，就變成暖爐桌。
比起讓整個房間變暖，這樣有效率多了……
好冷
抖個不停

對了，建議大家可以試試看——
拆下暖爐桌的桌板。
暖氣會穿過棉被裡跑出來，一下子就能感覺到整個房間都溫暖了起來喔！
盡可能不想開暖氣時，這是個好點子。

啊啊，不過……每次一鑽進暖爐桌，就不想動了……
真是懶人製造機啊！
懶散～
附帶一提，晚上睡覺時，江戶時代的人會穿著大棉襖。利用這種厚重衣物來代替蓋被。
啊，小時候大人讓我穿過。
趴噗
像這樣
現在市面上還買得到～
和一般棉被哪裡不一樣呢？
聽說，這樣能大幅減少小孩子夜啼的次數……
因為不像棉被容易被踢飛，所以很讓人放心呢！

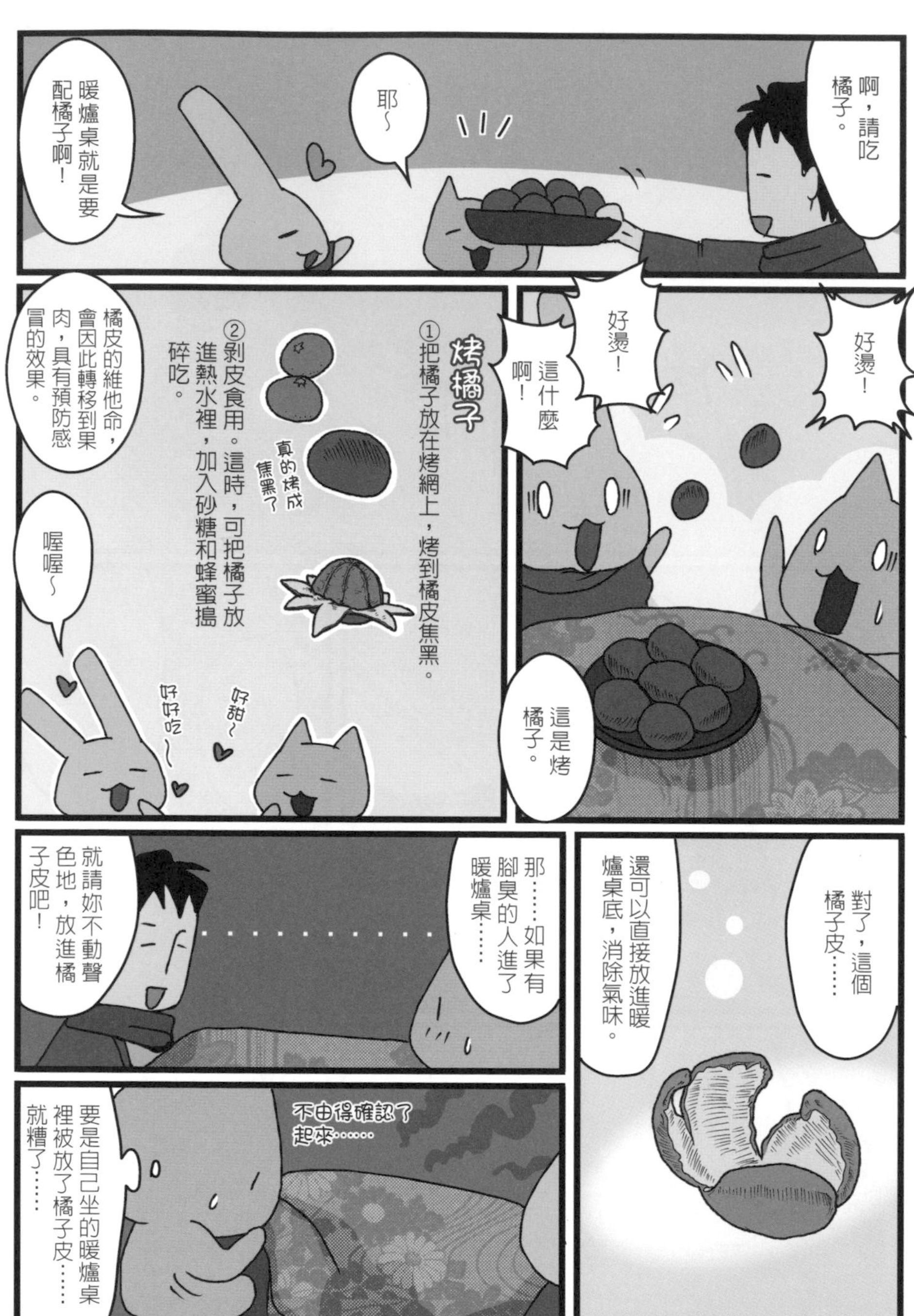
啊，請吃橘子。
耶～
暖爐桌就是要配橘子啊！
好燙！
好燙！
這什麼啊！
這是烤橘子。
烤橘子
①把橘子放在烤網上，烤到橘皮焦黑。
真的烤成焦黑了
②剝皮食用。這時，可把橘子放進熱水裡，加入砂糖和蜂蜜搗碎吃。
橘皮的維他命，會因此轉移到果肉，具有預防感冒的效果。
喔喔～
好甜～
好好吃～
對了，這個橘子皮……
還可以直接放進暖爐桌底，消除氣味。
那……如果有腳臭的人進了暖爐桌……
……
就請妳不動聲色地，放進橘子皮吧！
不由得確認了起來……
要是自己坐的暖爐桌裡被放了橘子皮……就糟了……

？
兔兔子妳手上拿什麼？

鏘鏘！寶特瓶作的熱水袋！

寶特瓶熱水袋
①在寶特瓶裡注入熱水
注意別燙傷了！
捲
捲
②用毛巾包起來
我很容易手腳冰冷，難以抗拒這樣的溫暖啊……
我從來沒用過熱水袋！
←怕熱的人即使冬天也打赤腳

畢竟井水太冰了嘛！
熱水袋的水到早上還是溫的，江戶時代的人早上會用這個來洗臉。
同時省水真是不錯！

手腳容易冰冷的人，喝這個也不錯喔！
請趁熱喝
？
這是什麼？

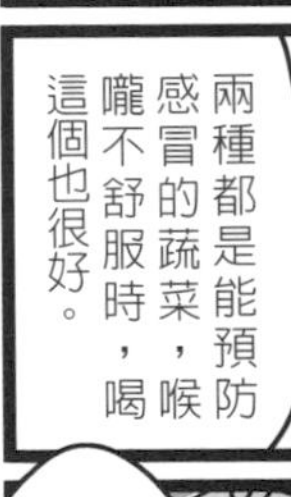
是蔥和薑泡的茶！
身體暖和了！
兩種都是能預防感冒的蔬菜，喉嚨不舒服時，喝這個也很好。

蔥薑湯
【材料】
蔥白 10公克
生薑 5公克
①先將蔥白切碎、生薑磨成泥。
②放進茶杯，注入熱水
只要再注入熱水即可，作法很簡單！

改善冬季不適的飲食法

容易手腳冰冷的人，在冬天裡總是很難受吧！想要在冬天裡過得舒適一點，就要從飲食和穿著等日常生活中下工夫。

不要攝取太多涼性食物！

近年來提倡節約用電，有許多人夏天不開冷氣，藉著飲用冰涼果汁等方法，度過炎炎夏日。可是，冰冷食物往往是造成身體不適的元凶。內臟一旦受寒，就會引起血液循環不良，也可能造成手腳冰冷、身體虛寒的情況惡化。最後、體質變得容易感冒，經常感到疲憊倦怠等身體不適狀況一直持續。想要打造足以抵擋寒冬的強健體魄，夏天時還是不要太勉強自己。

此外，請養成喝溫熱水的習慣，才能保護內臟不受寒。

暖和身體的食材

薑和蔥，都具有暖和身體的效果。類似的大蒜和洋蔥也能達到相同作用。不敢吃大蒜的人，試試大蒜做的營養補充品也不錯。

此外，可將生薑磨成泥，加在紅茶裡，再增添一點蜂蜜就很好喝了。

感冒的時候

為了預防感冒，從室外回家時

可以試著先用番茶（粗茶，味道清爽，但是香味不明顯）漱口。如果家裡沒有番茶，紅茶也可以。茶葉裡的牛磺酸對感冒病菌具有殺菌效果。

若剛感冒不久，不妨嘗試第一一五頁介紹過的蛋酒。

喉嚨發炎時，可以吃一些用蜂蜜浸漬的白蘿蔔。將白蘿蔔切成適當大小，浸漬於蜂蜜中一個晚上，喝白蘿蔔釋出的水分。白蘿蔔的成分、蜂蜜的甘甜，能舒緩喉嚨不適的症狀。

在日本的民俗療法中，還有一個「將烤過的蔥、圍在脖子上」的偏方，聽起來真是很犀利的療法。不過，這個方法確實有效。因為烤過的蔥，會產生硫化物揮發物，能抑制喉嚨發炎的症狀。

同樣地，鼻塞時可切下約一公分長的蔥段，貼在鼻孔下方，具有通鼻效果。

橘子的功效

前文漫畫中曾提到冬天最常見的水果——橘子。橘皮，在中藥裡被稱為「陳皮」的一種藥材，是中醫感冒藥的成分之一。

只要將晒乾的橘子切碎，加入味噌湯，如此簡單的料理就能止咳化痰，還能當作胃藥、消炎藥使用。

此外，將橘子剝來吃之前，先輕輕揉捏一下，是讓橘子更甜、更好吃的祕訣。

蔥真是厲害啊——
橘子也是呢！
用OK繃貼上烤過的蔥
養成在吃之前，揉捏兩下橘子，真的會變得更甜、更好吃耶！
揉捏

與屏風、紙材一同度過的冬日

在沒有電、瓦斯，當然也沒有暖氣的江戶時代，人們絞盡腦汁想出許多在冬季溫暖度日的方法。其中，木造建築難免因從窗縫或屋縫吹進的寒風，而感到寒冷。當風咻咻地吹進室內時，人們便放置屏風阻擋。在較少收納櫃的長屋裡，會把家當沿著牆壁一字排開，再放上屏風掩飾。屏風的用途五花八門，可不只是單純用來隔間的道具。

紙的威力足以節省電熱費

紙的保溫效果不可小覷。比方說仙台的昔日特產「紙衣」（以日式和紙裁製而成的和服），其暖和程度在當時是馳名全日本的。傳統木造住宅中，也經常使用紙材搭配土木建材。雖然，現代居家建築無法隨心所欲改成木造或築起土牆，但只要花費一番巧思，仍能妥善運用紙材。

例如西式建築的房間，可以在地毯下鋪上報紙，減少從腳底傳來的冰涼感。若感到寒氣從窗戶滲入室內，可在窗框上貼瓦楞紙加以阻擋。像這樣善用紙材，是不是挺不錯的呢！

沒有桌板的暖爐桌

一提到日本的冬天，就令人聯想到暖爐桌。最早的暖爐桌，是在火缽旁架起木框、並蓋上棉被形成，這在江戶時代已經很普及了。當時的暖爐桌不像現代暖爐桌有桌板，想坐在暖爐桌邊喝茶或吃點心時，要另外端來托盤盛放。所以，現代人若想要省下一些經費，或許不買桌板也是可行的喔！

有一個關於暖爐桌的笑話。某人因沒見過暖爐桌，第一次看到木框時，覺得十分不可思議。下次再來看時，因木框上已蓋了棉被，便跺著腳抱怨：「怎麼木框已經被收起來了。」不過這個笑話想要成立，只有在暖爐桌普遍不附桌板的時代了。

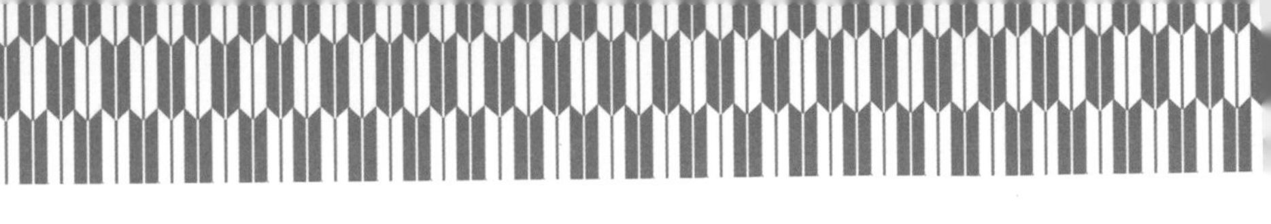

圖右為當時沒有桌板的暖爐桌，和窩在棉被上的貓。冬夜裡鑽進暖爐桌享受閱讀之樂，是古今共通的生活樂趣呢——《繪本花葛羅》。

庶民正在用稻草覆蓋樹木，防止霜害。不過他的手卻沒有任何防護，看起來就好冷——《江戸大節用海内藏》。

……？
兔兔子？
妳怎麼會在這？

三毛子！
不好了！失火！
失火了!!

嘩啦！
唰啦！
呼……
啊哦哦！
不是沒事了嗎？啊啊啊啊！
撕裂撕裂

窒息滅火法
減少氧氣、使火無法持續燃燒的方法。要往屋外逃離時，為了進行窒息滅火，要先將房間的窗戶緊閉。

破壞滅火法
江戶時代打火隊常用的方法。破壞尚未燃燒的部分，藉以防止延燒。例如，在致命的火舌燒到天花板前，先將窗簾從窗戶上拆下。

翻滾
ゴロゴロゴロ
若火舌燒到身上了，請立刻躺在地上打滾。因為火是縱向延燒的，所以身體一定要橫向翻滾。
啊啊啊……

哇啊啊啊啊
我的衣服！

呀啊啊啊啊啊，
已經沒救了。
啊啊啊啊啊！
火燒到天花板了～

三毛子！披上這個衝出去吧！

喔喔喔喔喔喔喔么
羊毛是一種難以燃燒的材質，在這種緊急時刻，披上羊毛大衣往外逃，不失為一個好方法。江戶時代的打火隊，就使用了羊毛做外衣。

唔ー
唔ー
得……
得救了……

啊……！
江戶の火消

託妳的福，我才能得救。
咦？
？

江戶時代的火災預防宣導

江戶時代的火災發生率真的相當頻繁，甚至造就出「火災與吵架是江戶之光」這句話。也因此，江戶時代預防火災的準備工夫，可是現代人比不上的。

左圖的宣傳單，就相當於現代「防火海報」的宣導，讓我們來看看，內容都在說些什麼吧！

①如果想在火災時帶出貴重物品，一定要事先準備好大條的包袱巾。另外，在撤離時別忘了帶錢，避難時才能使用。（當時的人會在墊被下鋪上一條大包袱巾，確定遇上火災時，甚至有人會用包袱巾把墊被和棉被都包起來帶著逃難。這是住在家具、日用品不多的長屋裡的人們，獨特的智慧。）

東京消防廳・消防防災資料中心館藏

②如果有人吸入黑煙昏迷，只要讓他喝下白蘿蔔汁，馬上就會復醒。

③逃離火場時，用沾溼的手巾摀住口鼻，可以防止喘不過氣。（這個方法在現代依然是必備常識。此外，逃離時放低姿勢、放慢速度都能保持呼吸道暢通，是最有用的老方法。）

④擁有倉庫的人，平時就要準備好封口用的黏土（在火災發生時，用來封住窗戶和門的縫隙，左上方的圖即為用黏土封口的情形）。擁有大型倉庫的人不妨

哈哈哈
真的有那種人嗎——!!
一驚
不，當中真的有也不一定哦！
毅然
我想要！

考慮。如果沒有事前準備黏土，火災發生時，也可用味噌代替。（在日式相聲橋段裡，就會說火災結束後還可以吃到烤味噌）。

鞋子和貴重物品放在寢室

江戶幕府明文禁止——火災時攜帶行李逃出。因為這往往是造成逃離不及，或妨礙他人逃離的原因。同樣的道理搬到現代社會，航空公司在遭遇空難時，也會採取類似規定。

不過，江戶時代很多人都會在睡覺時，將隨身物品放在枕邊。為了方便逃難，有些人還會將草鞋放在寢室裡。

不只是火災，就連現代人也不知道下一刻是否會發生地震或海嘯等天災。不妨學習江戶人的生活智慧，在寢室裡擺一雙運動鞋，並準備好緊急時隨身攜帶的逃難包吧！

海外的火災預防教育

美國的消防員們製作了一份《Stop, Drop and Roll》（停下腳步，臥倒在地，滾動滅火）的指導手冊。這是為了訓練孩童在露營、玩火或使用廚房，遇到火災時，也能撲滅身上衣服著的火。

①停下腳步：當衣服著火時，奔跑會帶動空氣流動，導致火勢加大。因此不可為了急著找水而四處奔跑。

②臥倒在地：藉由臥倒在地的動作，有時可順勢撲滅火苗。

③滾動滅火：臥倒地面後朝左右翻身滾動，也是為了讓著火的衣物與地面摩擦而窒息熄滅。

讓孩子在遊戲般的氣氛中，實際體驗這些守則。無論哪個國家、任何時代，防災觀念基本上都是類似的。

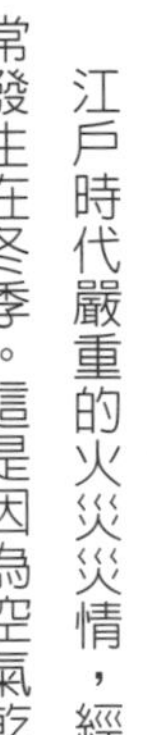

江戶小智慧

灰泥牆、羊毛等火災對策

江戶時代嚴重的火災災情，經常發生在冬季。這是因為空氣乾燥導致易燃，而乾冷的北風也會加速火勢的蔓延。遇到火災逃離時，先決條件是不要攜帶行李，以保全性命為優先。商人會將重要的帳冊等物品丟到井裡，不但可以日後回收，寫在和紙上的墨字遇水也不會渲染開，烘乾後仍可繼續使用。

灰泥牆的鹼性威力

傳統房舍常見的牆壁是土牆，這種土牆夏天可吸收室內溼氣；冬天則將溼氣釋放回空氣之中。然而，比土牆更高一級的是灰泥牆。灰泥牆的主要成分是，蒸烤貝殼後得到的灰。具有強烈鹼性，不容易產生霉斑，還能調節室內溼度。

灰泥牆堅固又耐火，是江戶時代有錢商人住的房舍，以及倉庫、神社佛閣等建築經常採用的建材，貴重物品就保存在灰泥牆屋中。

如今市面上，仍可買到灰泥塗料，可自行塗抹於牆上。利用假日在家施工，就能輕鬆完成。

耐火羊毛

在日本傳統童話《竹取物語》中，公主對求婚者提出的要求之一，就是帶來一件不易燃的「火鼠皮衣」。這個要求乍看之下雖無理取鬧，但其實動物纖維的確是一種耐火纖維。江戶時代透過與荷蘭之間的貿易，逐漸將羊毛輸入日本，在消防第一線派上很大的用場。時至今日，有些高級的隔熱手套還會採用羊毛製作。

說到江戶時代的防火措施，最有名的便是採用石綿製成布料，再用這種布料縫製而成的防火衣。這個想法，是由發明靜電裝置而聞名的平賀源內（編按：江戶時代的博物學者、發明家）所提出。不過，這個發明後來並沒有被加以實用化。

圖為扛著消防隊旗和梯子，前往火災現場救火的消防隊員。梯子用來攀爬屋頂；隊旗則用來振奮隊員士氣——《永代大雜書萬曆大成》。

平安時代的繪佛師，從自家火災的火焰中得到靈感，繪製成不動明王身後的火焰。難不成，這就是所謂的因禍得福？——《悉皆世話字彙墨寶》

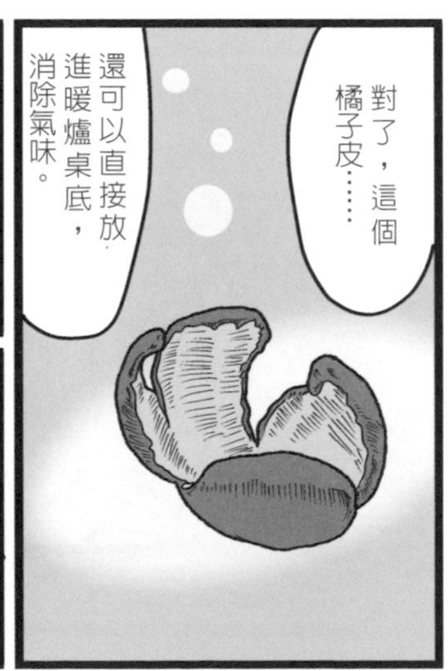
對了，這個橘子皮……
還可以直接放進暖爐桌底，消除氣味。

那……如果有腳臭的人進了暖爐桌……
就請妳不動聲色地，放進橘子皮吧！
不由得確認了起來……
要是自己坐的暖爐桌裡被放了橘子皮……就糟了……

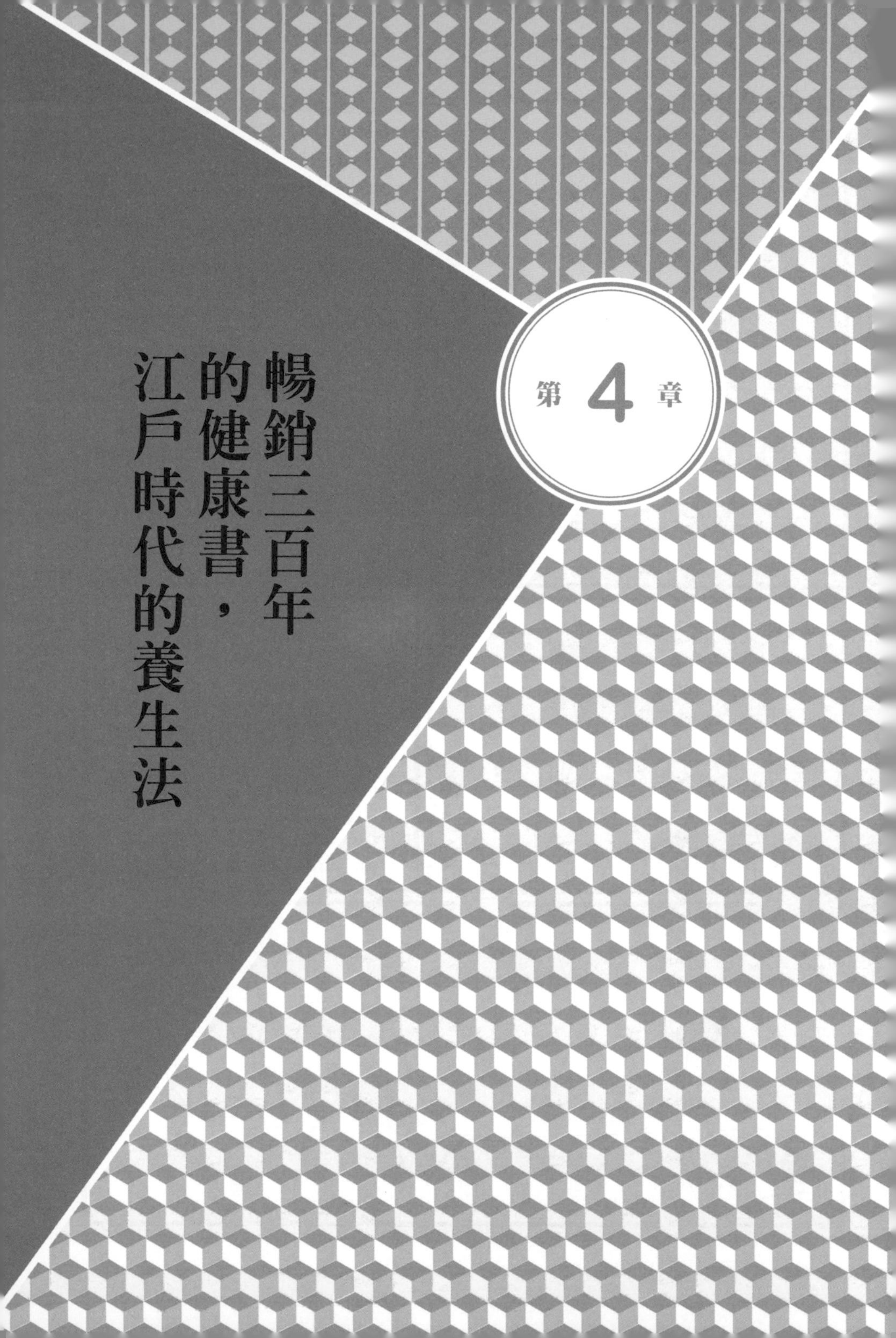

第 4 章

暢銷三百年的健康書，江戶時代的養生法

江戶時代的健康法

這一章要和大家談談健康保健法。
啊——確實有做過呢！
昭和式健康法
乾布摩擦
孩提時期，冬天時都會被迫裸體呢——！
到現在只留下「對皮膚不好」的印象……
現在想想那是性騷擾吧……
現代人真的很喜歡「對身體好」的事啊！
保健食品
抗氧化作用
都曾掀起一陣保健食品風潮呢～
不過，江戶時代的人們，也不輸現代人，非常熱衷追求健康喔！
真的嗎？
約莫是元祿時期，
進入江戶，大概過了一百多年。
在沒有戰爭、和平盛世中生活的人們，開始將注意力轉移到保健上。
貝原養生訓
這本書，已經出現好幾次了。
當時最暢銷的一本書，就是貝原益軒的《養生訓》。

在貝原益軒晚年時完成的《養生訓》中，收錄了滿滿的健康管理及長壽智慧。
有不少的內容，即使搬到現代也適用。
讓我們看看養生訓中的「一日生活」吧！

啾……
啾……

首先，要早起。

洗手、洗頭，並梳理頭髮。

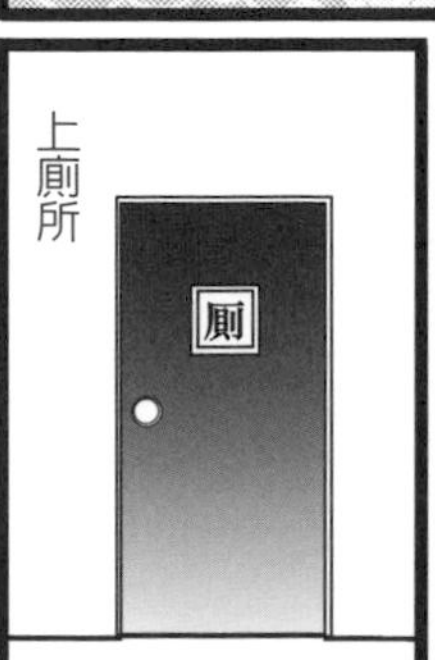
上廁所
厠

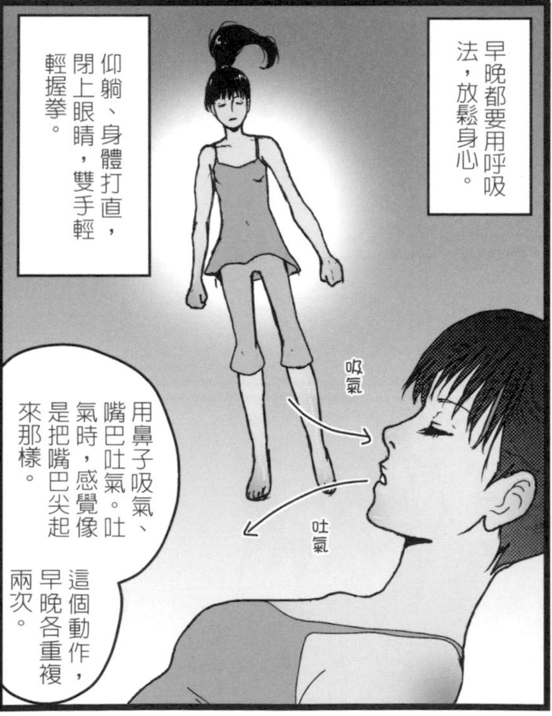
早晚都要用呼吸法，放鬆身心。
仰躺、身體打直，閉上眼睛，雙手輕輕握拳。
吸氣
吐氣
用鼻子吸氣、嘴巴吐氣。吐氣時，感覺像是把嘴巴尖起來那樣。
這個動作，早晚各重複兩次。

ムクー
鍛鍊牙齒，預防齲齒。
輕輕地將牙齒咬合三十六次。
張嘴
喀喀喀喀
喀喀喀
喀喀喀喀喀
這個動作可幫助分泌唾液，改善口內環境。
這個……會用到好多臉上的肌肉。
推薦起床時做一下
說不定還有小臉效果喔！

吃飯和喝酒，只攝取八、九分，不可超過一定的量。
八分飽

喝酒微醺即可，酒酣耳熱之際，就是該結束的時候了。
我先告辭了

為了促進飯後消化，每餐飯後都可用手撫摸腹腰處。

咕嘟嘟……

剛吃完飯不要馬上坐下，也不要躺下，最好走個二百步。

用餐後，用茶水漱口幾次。

飯後輕鬆地散散步，消耗肌肉中的血糖，可使血糖值下降喔！
會變成易瘦體質呢！

眼睛疲倦或是看不清楚時，可從眼頭到眼角輕輕按摩36次。
注意不要壓太用力！

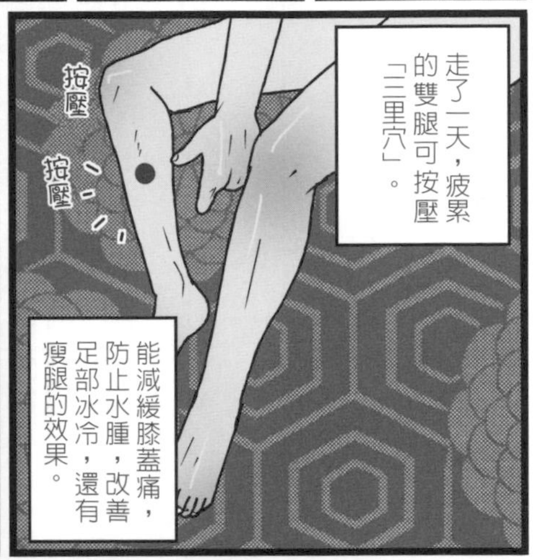
走了一天，疲累的雙腿可按壓「三里穴」。
按壓
按壓
能減緩膝蓋痛，防止水腫，改善足部冰冷，還有瘦腿的效果。

另一方面，手臂上也有「手三里穴」。
對於改善肩膀僵硬、牙痛、頸部痠痛和強化消化器官都有效。

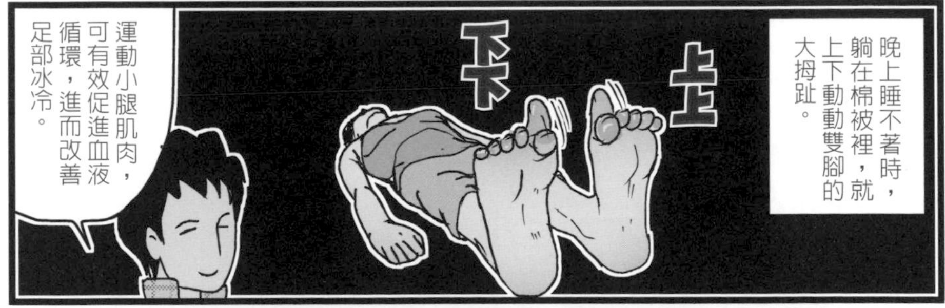
晚上睡不著時，躺在棉被裡，就上下動動雙腳的大拇趾。
上
下
運動小腿肌肉，可有效促進血液循環，進而改善足部冰冷。

內容很具體，可輕易實踐呢！
簡單！
我想試試眼睛的按摩法～

三百年的養生寶典——《養生訓》

的健康指南

在追求人們健康生活的《養生訓》一書中，特別精選出以下指南語句，建議大家銘記在心、時時執行。

養生就是預防。

在身體健康時，就要思考生病的事。

吃飯比吃藥重要。

養生訓

這些句話
真的特別
有道理呢！

雖然都是
很基本的觀念，
重要的是
要隨時
放在心上。

選擇好醫生並信任他。

身體開始恢復時，
是最需要多加注意的時刻。

應該勤於運動身體。

從槍炮成爲養生藥草

在江戶時代堪稱相當長壽的儒者——貝原益軒，享年八十四歲。在八十三歲時，出版了一本《養生訓》，成為當時的暢銷書。這本書的內容就現代醫學角度來看，可說充滿了預防醫學的智慧。雖然，仍記述著例如指壓方法等個別健康法，但整體來說，提倡的還是基礎的養生教誨。看完這本書可以明白，日常生活中一點小動作的累積，都可能造成日後重大的影響。

針灸．槍砲．艾草

艾灸用的艾柱，在日文中有「燃燒的草」之意，其原料「艾草」的日文漢字有時可寫成「善燃義」。其實，艾草中含有硫酸成分，可提煉出高純度的硝石，和硫磺與黑炭都是黑火藥的原料。戰國時代從西洋傳到日本的槍砲，使用的就是這種黑火藥。

戰亂的時代結束，進入和平的江戶時代後，艾草搖身一變，成了艾灸時的原料。艾草被視為能治百病的植物，可煎煮飲用，也可直接作為藥物食用。從軍用成為藥用，用途變得更廣泛了。

用紙拉門做運動

請注意左頁下圖，在圖中右側有位單膝跪地的男性。當時開關拉門，都必須用圖中蹲低的姿勢進行。像現代人站著開關拉門的行為，對古人來說是很失禮的舉動。另一方面，從下方推拉紙門不只較為順暢，也較不容易傷害門軌凹槽。

把這個動作養成習慣，不僅在待客之時能給人好感，也是很好的腰腿鍛鍊運動。拉開紙門之後，先起身進入拉門內側，再蹲低關門。實際做起來是相當吃力的。反覆這樣的動作不僅符合禮儀，還能鍛鍊身體，真可說是一舉兩得。

圖中雙肘靠在矮桌上的男人，正在接受艾灸。背脊兩側的穴道，針對的是背部痠痛與消除內臟疲勞——《雜書大全》。

左側的人正在擤鼻涕。根據當時最流行的小笠原流禮法（編按：室町時代便確立的傳統禮法），擤鼻涕時必須避人耳目。在房間角落靜靜地擤，才是正確的作法——《都會節用百家通》。

江戶時代的天然泡澡劑

柚子浴

聽說在冬至當天，用柚子泡澡就不會感冒。即使只有少量，也能充分享受柚子香氣。皮膚敏感脆弱的人，最好先將柚子裝進布袋裡。

橘子浴

橘皮中含有精油成分，能夠為身體帶來溫暖。橘子皮晒乾後，就成了中藥中的陳皮。聽說，橘農會將剩下的橘子大量加入洗澡水中泡澡。

柿子浴

柿子浴用的是柿子葉。柿子葉富含單寧成分與維他命C，經常被用來為傷口止血或殺菌。可以抑制皮膚粗糙乾裂，對美肌很有幫助。

白蘿蔔浴

白蘿蔔葉含有許多維他命、礦物質和葉綠素，自古以來，就被廣泛用來治療手腳冰冷、神經痛和腰痛等症狀。準備一根半的白蘿蔔葉，花兩、三天陰乾至半乾程度後，切碎後裝進布袋，再放進浴缸、加入熱水泡澡。

米糠浴

米糠也被運用在許多美容保養品上，美肌效果特別卓越。

蔬菜・水果做的泡澡劑

柚子浴

直接整顆放進浴缸，或是切半使用。

橘子浴

直接放進浴缸，或是使用晒乾的橘皮。

柿子浴

將柿葉直接裝入布袋中，使其漂浮在熱水中。

米糠浴

將米糠袋（參照第45頁）放進浴缸使用。

白蘿蔔浴

花兩、三天陰乾白蘿蔔葉，切碎後裝入布袋中使用。

菖蒲浴

中國自古以來，便有在端午節使用菖蒲避邪的習俗。而這習俗流傳到日本後，便成了菖蒲浴。菖蒲浴，能有效改善腰痛和手腳冰冷。先將菖蒲放入冷水煮沸，再拿來泡澡。

魚腥草浴

魚腥草，是傳統常用的藥草之一。對改善汗疹和溼疹頗有功效，也能改善手腳冰冷和腰痛等症狀。如果想針對汗疹，在泡魚腥草浴時，應先將乾燥的魚腥草放入袋中，束緊袋口，放入冷水煮沸後再使用。魚腥草的特殊氣味，在乾燥後會消失。

艾草浴

除了改善腰痛、頭痛、風溼痛、神經痛和肩膀痠痛外，對傷口、青春痘、汗疹、溼疹等都具有效果。艾草也是艾灸的原料，艾灸可治療肩膀痠痛和腰痛。不過，泡澡比起針灸要方便多了。

菊花浴

可改善神經痛、風溼痛、腰痛和肩膀痠痛。泡澡的同時還能享受菊花的清香。因為使用的是食用菊，所以要撕下花瓣。撕下菊花花瓣，是江戶時代孩童的遊戲之一（也算是順便幫忙家務）。

枇杷浴

將枇杷葉切碎裝在布袋中，放入冷水煮沸後，連湯汁帶布袋一起放入浴缸、泡澡。再加入幾片枇杷葉於熱水中，洗完肌膚更滑順，也有治療汗疹的效果。

天然藥材做的泡澡劑

遊歷各地的泡澡文化

日本人愛泡澡是世界知名。夏天泡澡，是為了洗去一天工作、全身淋漓的汗水，消除炎夏帶來的疲倦感。冬天泡澡，是為了暖和冰冷的身體，滋潤乾燥的肌膚。江戶時代的人，會用許多不同的藥材泡澡。像是冬至時，用柚子泡澡就很受人們歡迎。會在冬至這天泡澡，聽說是從「冬至」和「湯治」（用泡澡治癒身心）的諧音雙關語而來。

澡堂禮儀講座

為了避免火災，基本上江戶時代禁止在家燒水泡澡。因此，當時「澡堂」非常發達。那時的照明設備還沒有現代這麼明亮，澡堂內的燈光昏暗，有時還會因此撞到隔壁泡澡的人，而引發糾紛。將身體浸泡進澡缸時，要發出聲音說：「我是冷的」。這是為了表示自己將冰冷的身體浸入熱水時，對其他泡澡者的提醒和歉意。曾有個笑話：某人不諳澡堂禮儀，聽到旁人說：「我是冷的。」便模仿說：「我是三郎。」原來他是將「冷的」誤認為是對方的名字。

可自由往來各地的理由

江戶後期，甚至發布過一份「溫泉人氣排行榜」。根據這份排行榜，關西地區最具代表性的溫泉是——有馬之湯（位於兵庫縣的有馬溫泉）；關東地區最具代表性的溫泉則是——草津之湯（位於群馬縣的草津溫泉）。溫泉旅行受歡迎的程度與年俱增，甚至流行起遊遍東海道的「箱根七湯」的溫泉巡迴之旅。

在古代，難以通行關隘。但是，若以參拜神社寺廟的「伊勢參拜」（編按：當時人民都有「一生必遊一次伊勢神宮」的信仰）為名目，取得通行證後就可自由往來各地。旅人們往往以參拜為名，巡迴遊歷各地的溫泉勝地。此外，以溫泉治療為名提出申請的人也不在少數。

為了加強燒熱水的火力，正用竹管朝火窯吹氣的孩童。江戶之外的鄉村地區家庭，是允許在家燒水泡澡的——《永代大雜書萬曆大成》。

畫中跳進澡盆的人，假裝成溺水的人胡鬧著。這是利用溢出的熱水量，測量人體體積的測量法圖解——《算法圖解大全》。

這個話題，我可真的要認真聽了……
瘦身嗎？

我怎麼樣都瘦不下來……
有沒有什麼不錯的江戶智慧啊！
啊……

原本江戶時代的人，運動量就比現在人多上許多啊！
各地漫遊
即使是很遠的距離，他們也不當一回事。
所以，就沒必要刻意瘦身了。

唉——沒用的傢伙……
啊！妳說什麼，沒禮貌！
要我像他們那樣行走，是不可能的。

不過，從以前流傳至今某些舉手投足的動作，卻能成為不錯的運動喔！

怎麼說？

比方說，妳會鞠躬吧？

如果把彎腰鞠躬做到位，也是很吃力的動作。

怎麼可能嘛！

咦～！

筆直

首先，背脊打直。

接著，以九十度彎腰深深地鞠躬。

這……這是……

好，這動作做10次。

!!

肌肉發抖……

沒……沒想到會這麼累。

整個身體都發熱了

肌力不夠的人，還沒辦法呢！

這種動作能刺激腹部周圍的動脈和自律神經，全身的血液循環也會變好。

還有正座也很好喔！
綁著這種繃帶，一邊加壓、一邊運動的鍛鍊法。
現在大受歡迎的加壓訓練*，聽說就是從正坐時造成的腳麻得到靈感。
咦咦！

先對身體造成負荷、減少血流之後，再取消負荷，讓血液一口氣流進肌肉中。

反覆這樣的過程，據說就能鍛鍊肌力。因此正坐時，最好坐到腳麻，才能提升腿部肌力。
咦－
另外，因為背脊也要挺直，才能減輕腰痛的症狀。

附帶一提，江戶時代的人是不正坐的。
他們會盤腿，有時還會側臥。
還以為古人隨時都在正坐……
真意外！

還有，當時的人也會坐在椅子上。
但是女性因為沒有穿內衣褲，所以坐著的時候，腿部必須緊緊併攏。

這也是一種很好的運動和鍛鍊。
在雙腿間夾一本厚厚的書，再坐下時就知道有多難了。
即使沒穿裙子，也要好好把腳併攏……
抖抖……
只要每天留心這個動作，小腹和大腿的尺寸就能變小許多喔！
穿長褲時，好像會不小心疏忽了呢……

*編按：施加壓力，適當地阻斷血液流量。

*編按：《魔女宅急便》裡的黑貓同伴。

木屐、足半——江戶人的瘦身鞋

江戶時代，女性也穿木屐。夾腳式的拖鞋形狀和木屐類似，但穿起來卻意外地累人。因為只靠腳的大拇趾和食趾夾住、支撐，為了彌補支撐力，幾乎得用上整條腿的肌肉。這麼辛苦的結果，就是得到一雙纖細的腳踝。

如果想讓腳踝更緊實，建議大家可以試試只有一個鞋跟的木屐——一本齒。這種木屐在現代可是被當成瘦身用品販售的。穿上之後為了保持平衡，腰腿的肌肉都會受到鍛鍊。

此外，還有一種名為「足半」的草鞋，同樣具有出衆的瘦身效果喔！

這種草鞋多半為武士所穿。以前的武士們甚至將它穿上戰場，因為長度只到腳底一半，所以稱為足半。足半草鞋一直到一九六〇年代，都還活躍於農村與漁村之中。市面上有一種長度只有腳底一半的瘦身拖鞋，其原型可說就是足半草鞋。

穿上這種鞋子時，自然會踮起腳尖站立或走動，讓小腿充分運動。如此一來，便能達到消除水腫、改善腰痛等效果。

梯子瘦身法

梯子在現代社會中使用的機會並不多，雖然在災害發生等緊急

時刻不可或缺，但生活中幾乎沒有什麼場合會使用。

然而事實上，爬梯卻被認為是鍛鍊深層肌的絕佳動作。

如果平日有機會爬上雙人床上層、使用泳池邊的爬梯或爬樓梯上樓，可以試著爬上梯子時，留心肌肉的鍛鍊。

空揮運動

空揮的動作，對瘦手臂相當有效。可以將報紙捲成筒狀後握在手上，再試著用力空揮吧！這是一種能夠鍛鍊腰腿的有氧運動，還能兼備宣洩壓力的效果喔！

*編按：日本古劍術流派之一。

每天行走數十公里的運動

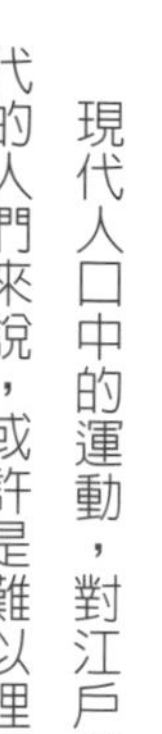

現代人口中的運動，對江戶時代的人們來說，或許是難以理解的觀念。畢竟當時沒有汽車和電車等交通工具，一切日常生活都必須靠運動身體才能進行。

從江戶時代行旅日記中的記載可知，儘管有個別差異，但當時的人一天移動的距離普遍可長達數十公里。此外，人體直接暴露在自然的寒暖之中，也能消耗掉大量卡路里。

用頭頂搬運貨物的訓練

江戶時代的「大原女」，以用頭頂搬運貨物而聞名。住在山城國大原地方（相當於現在的京都市左京區大原）的女性們，會把從地方上砍伐的柴薪頂在頭上，徒步前往京都町中販售，而這在當時形成了小有名氣的景象。

想要鍛鍊平衡感，最適合使用和書本差不多重量的輕型物品。不過，當頂在頭上的物品超過一定重量後，為了不浪費多餘力氣，必須盡可能挺直背脊。這樣的姿勢可以強化頸肌，也是一個小小的鍛鍊。

沒有靜電的撢子

一提起古早時代的撢子，首先想到的就是在細長竹製把柄的頂端，綁著一束撕成長條狀絹布或和紙的樣子。這種撢子不像現在尼龍製的撢子，是利用靜電吸附塵埃，相比之下，無論怎麼運用都給人灰塵滿天的印象。

不過，之所以會帶起大量灰塵，追根究柢還是太少打掃的緣故。即使是經常使用的地方，只要每天勤於撢掃，捲起的塵埃自然跟著變少，也不需要動用到抹布了。

我反而想呼籲大家，利用「江戶智慧」，盡量使用這種不需依賴靜電的傳統工具。

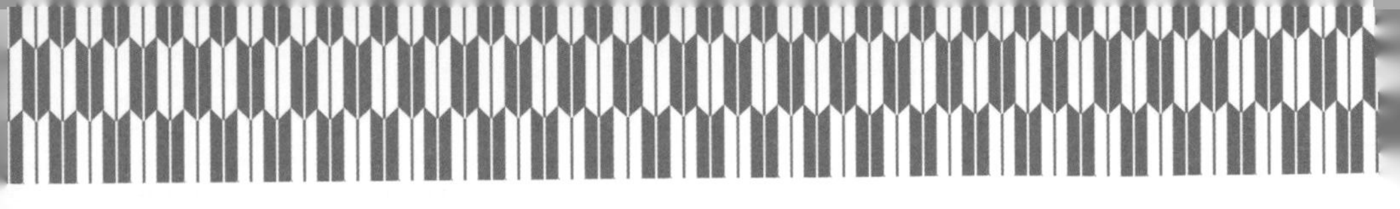

右邊是來自八瀨（京都郊外）賣黑木的小販；左邊是販賣柴薪的大原女。不只將貨物堆在馬背上，也頂在自己頭上——《增補女大學寶箱》。

農曆（舊曆）十二月十三日，是為了迎接新年而開始著手準備的第一天，稱為「正月事始」。進行全家大掃除，是這一天的慣例——《錦百人一首都織》。

喔喔～
好像很實用～
不錯、
不錯喔——！
緊急時刻，手邊又沒有藥物時，可以試試看。
若是嚴重的傷，還是要先去醫院喔！
刷——
也是啦……
首先從輕微的開始，例如蚊蟲咬傷。
被蟲咬傷時，請將艾草或韭菜擠出的汁液敷在傷口上。
利用植物的鹼性，中和蚊子的酸性唾液，就不會那麼癢了。
用餐巾紙之類的物品
用力擠
艾草
韭菜
將這個汁液塗在被蟲叮咬的傷口上
我在鄉下老家時，也會這麼做。
我家是用艾草！

受傷急難時……

另外，將橘子皮充分乾燥後，加以燃燒產生的煙，有驅蚊的作用。

橘皮中含有精油成分——「檸烯」，據說蚊子很討厭這個。

露營的時候很好用呢！

也可飲用魚腥草茶，改善體質，變得不容易被蚊蟲叮咬。

雖然，魚腥草茶氣味強烈，但我還滿喜歡的～

喔喔～

將小黃瓜切片敷在患部，也是一個不錯的方法喔！

貼上這個，冰冰涼涼地好舒服。

會讓人忘了癢癢耶！

*編按：1185～1573年。

說到蘆薈的作用，不管是對割傷、撞傷、燒傷、蚊蟲叮咬等，都具有效果。
幾乎全包了嘛……！
使用方法很簡單，只要將蘆薈內部的果凍狀部分敷在患部即可。
※為了避免傷口感染細菌，在使用果肉前，請先用熱水加熱殺菌。
還有個比較特殊的作法，是將香菸敷在割傷的傷口，有止血的作用。
香菸⁉
啊，我是說菸草的部分。
菸草中的尼古丁，具有止血的功效。
不過，這個方法雖然能確實止血，也可能讓不該進入傷口的東西跑進去，所以聽說醫生是很反對的……
只有在無論如何必須先止血的情況下，再這麼做吧！
現在好像還是會有一些格鬥家，採用這種止血法呢！
哇喔──!!
因為得用牙刷刮取菸草，用起來好像相當麻煩啊！
現代醫學已經有很多很好的藥物，民俗療法也是毀譽參半，請在沒有其他辦法時再嘗試看看吧！
體質適不適合，也是個問題。
當然最好就是不要受傷囉！
哈哈哈
倒──

那……有沒有什麼智慧，是可以讓自己不要受傷的呢？
嗯……

還滿意外很多人都還不知道的——護身倒地。
另半的男性，曾在學校的柔道課上學過。
尤其是女性，許多人連這個名詞都沒聽過，更別說是實行過了。
我沒做過
咦——護身倒地聽起來好恐怖。

比方說跌倒的時候，如果用手撐在地上，手臂會受傷。
啪嘰

這種時候，應該讓身體先碰地，
並用手拍擊地面。
啪！

向後跌倒時也一樣，在倒地的瞬間，用手朝地面拍擊。
縮起下巴，是保護後腦杓的重點。
沒練習過的話，一時還施展不出來呢～請加油吧！
這樣能夠緩和落地時的衝擊力嗎……
我家有榻榻米，或許可以在上面練習。

回家後
咦？妳以前都沒聽過護身倒地喔？
得意地演練給老公看
……
我對這件事還比較訝異
對男人來說，這應該是常識吧！

受傷時，雖然有各種民俗療法可用來療傷，但最重要的應該還是「別讓自己受傷」吧！因此，以下將介紹幾項現學、即可現用的護身術。

被人抓住手腕時

被人從後方抱住時

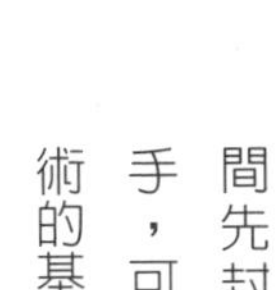

葛飾北齋式護身術

畫過由日本關東各地遠眺富士山的景色《富嶽三十六景》的葛飾北齋（編按：江戶時代後期的浮世繪師），另一代表作《北齋漫畫》（編按：繪本畫集，全十五篇，約四千幅圖）中，就曾描繪過護身用柔術的技法。和下圖的護身術一樣，第一時間先封住對方的手，可說是護身術的基本功。

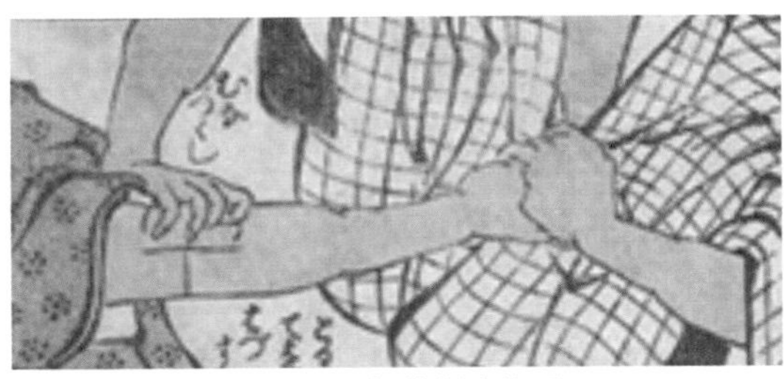

被抓住領口時，先用指甲掐住對方的手。

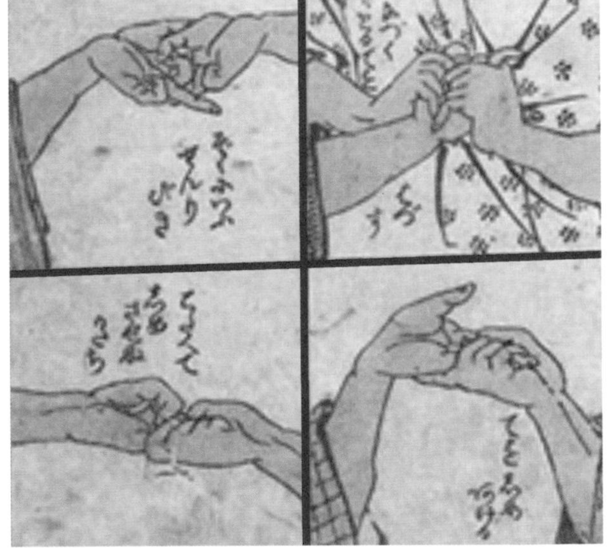

用雙手指甲掐住對方的手背，並用力抓住。

用力的扣住手指

扭轉手指向上提

抓住拇指外的四根手指，到這個動作時，對方就無法動彈了。

出神入化的江戶急救法

江戶時代，如果只是輕傷，最出神入化的一種急救方式，竟只要將手放在傷處即可。因此，日語中「將手放上去」（手当て）這個字，也可引申為急救、治療的意思。

方法很簡單，第一步就是伸手輕按在傷口上。保持內心沉穩，調整呼吸。關於這一點，意外地或許到今天依然不變。

低處，更容易掉以輕心

散文名著《徒然草》（編按：日本三大隨筆之一），其實是在進入江戶時代之後，才廣泛受到人們閱讀。在書中，作者兼好法師以其冷靜的觀點所描寫的日常生活，正好令生活在江戶社會中的人們，感到不謀而合。

收錄在《徒然草》的其中一篇散文，描寫著擅長爬樹的高手，從地面上守護剛完成高處枝葉修剪、正身手矯健爬下樹的夥伴。夥伴已經往下爬到掉下來也不會受重傷的高度時，高手才發出聲音提醒：「小心點。」問其原因，他說：「就是因為到了低處，才更容易掉以輕心。」這句話不僅發人省思，也可以警惕自己時時小心。

蛋上薄膜的威力

蛋，是自江戶時代後才成為日本人的食材。儘管具有不易長期保存的缺點，不過，約從江戶時代中期開始，還是漸漸普及。除了食用之外，人們還會利用蛋上的薄膜來治療傷口。他們認為把薄膜貼在刀傷或擦傷的傷口處，能促進傷口癒合。對於視受傷為家常便飯的相撲力士而言，蛋的薄膜是不可或缺的東西。

最初，蛋的薄膜應該被視為能夠取代人類皮膚，而開始受到重用的吧！時至今日，格鬥技選手當中依然不乏愛用人士。近年來，已有學者展開研究，希望能找出醫學佐證。

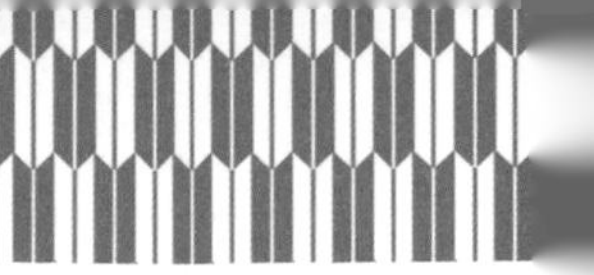

用梯子爬上大樹高處，修剪枝葉的園丁。為了避免從樹上掉下來，用繩子固定身體
——《江戶大節用海內藏》

孩童們玩相撲家家酒。如果手腳擦傷了，或許會利用魚腥草葉或蛋的薄膜，貼在傷口上
——《都會節用百家通》。

科技無法解救的迷路

好期待兔兔子推薦的蕎麥麵店喔！
在那座山的半山腰附近喔～

ザリザリ
ザリザリ
沙沙

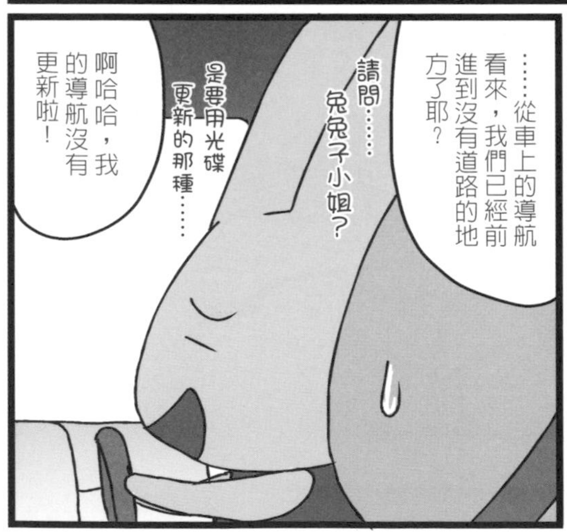

……從車上的導航看來，我們已經前進到沒有道路的地方了耶？
請問……兔兔子小姐？
是要用光碟更新的那種……
啊哈哈，我的導航沒有更新啦！

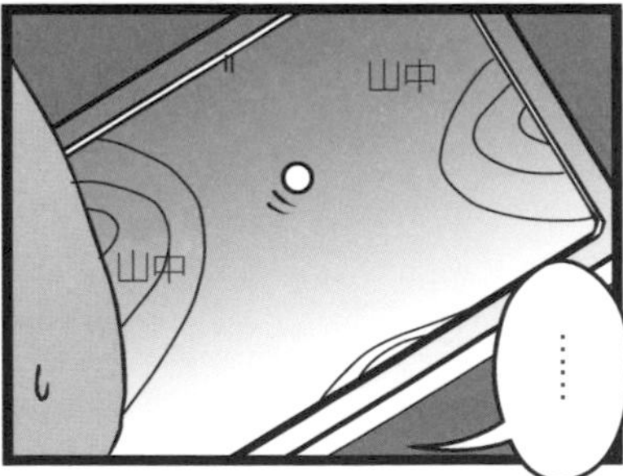

山中
山中
……

有智慧型手機，所以應該沒問題！
刷

無收訊

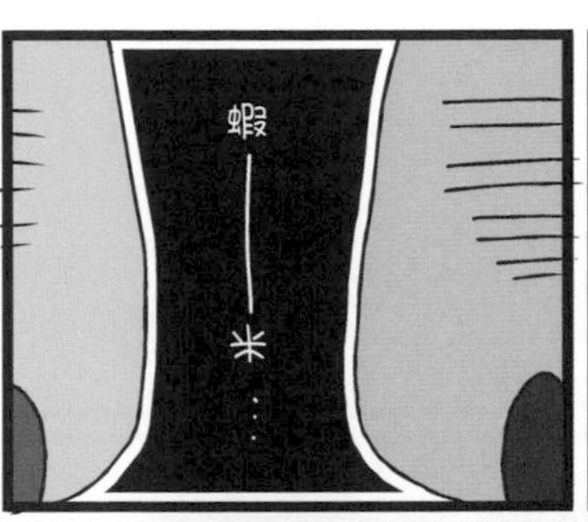
蝦——米……

完全迷失方向了。
甚至找不到來時的路……

朝北方走，應該能通上大馬路。
哪邊啊？
北方是嗎……
嘿！

兔兔子，這邊、這邊！
嗯？

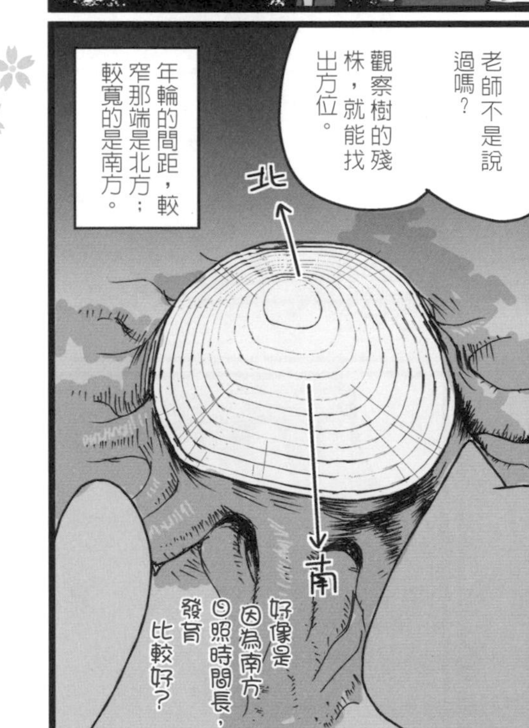
老師不是說過嗎？
觀察樹的殘株，就能找出方位。
年輪的間距，較窄那端是北方；較寬的是南方。
北
南
好像是因為南方日照時間長，發育比較好？

我也想起來了！

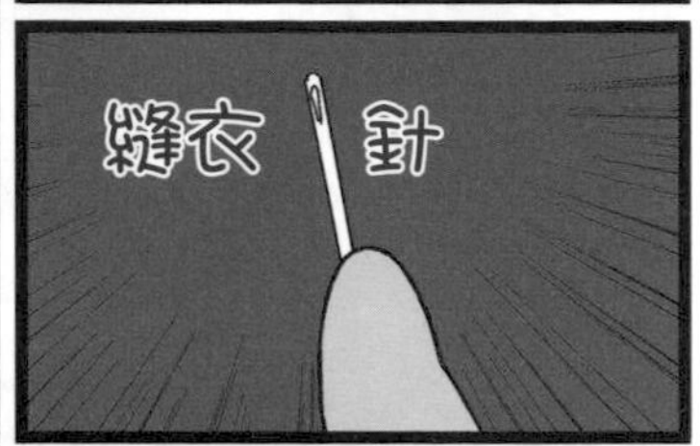
縫衣針

摩擦
摩擦
把這個用手帕摩擦約50次……
嗞

使其浮在水面上，就是簡易指南針了～
這樣就能判斷出更正確的方向
喔喔——

好耶！前進蕎麥麵店！
飆

呼——好飽。
真幸福～♥

不過，我想還是算了。
咦，為什麼？

順便繞道上哪走走，再回家吧？
嗯！……嗯？
咻…

我想可能很快就要下雨了。
啥!?
現在天氣明明這麼晴朗！

滴答——

好厲害！真的下雨了！
妳怎麼會知道？
傾盆大雨

咻咻
因為剛才燕子低空飛過了啊！
當氣壓低時，昆蟲會飛在偏低的高度，而燕子以追逐昆蟲為食，當然跟著低飛囉！

除此之外，也有人說看到貓洗臉，就代表快下雨了。
可以清楚聽見遠方的聲音、刮起東風、星光若隱若現等，都是即將下雨的預兆。

轟隆
呀啊!!

有、有沒有治打雷的江戶智慧？
好恐怖
啊哈哈，我也不知道耶！

畢竟從以前不就常說，江戶人最怕的便是地震、打雷、火災和老爸了嗎？
都是一些叫人束手無策的對象嘛！

啊——不過在車子裡應該很安全，妳可以放心啦！
因為汽車被設計成就算被雷打中，車內的人也不會有危險。
喔喔——
最後竟然是靠現代智慧啊……！
活在現代果然很棒！

迷路時的野外智慧

如同漫畫中觀察年輪的方式，觀察樹木枝葉生長的方向也能掌握方位。枝葉稀疏的一側就是北方；相對茂密的方位則是南方。

此外，神社多半坐朝東方或南方（不過還是有例外）。而祭祀神明用的神龕，也一樣多設置於面朝東方或南方的位置。

還有，這雖然不屬於江戶智慧，但可試著觀察鬧區建築物的陽台。四處巡視看看，會發現大部分的陽台都面向南方。

在夜晚迷路時

如果是夜晚，就尋找北極星吧！因為類似的星星很多，如果找不到北極星，請先找出北斗七星。如左圖所示，相當於北斗七星的斗杓握柄部分，兩顆星間延伸五倍的頂端處，就是北極星。

如何判斷天氣？

沒帶傘卻偏偏遇到下雨；穿著單薄時天氣忽然變冷；有時還

會因為遇上壞天氣影響身體狀態……遇到上述這些狀況時，實在很糟糕。這時，如果有能力自行判斷天氣，或許就能減少這類的不便。

除了漫畫中介紹過的方法外，還有許多用來判斷天氣的智慧。比方說觀察雲的形狀。天空中若出現如同積雲（外型類似棉花堆，在日文中則稱綿雲）宛如棉花糖的雲，那麼應該暫時會維持晴天。若出現呈條狀的雲，則表示可能很快就要下雨了。

此外，覺得山影看來變近，或是魚從池子裡躍起，都被認為是即將降雨的預兆。日語中也有許多與天氣相關的諺語，以下提供一些簡單的介紹。

梳子梳不過時，就要下雨了。

這是因為溼氣容易讓頭髮打結的緣故。

輕煙直上時就是晴天；轉折盤旋時就要下雨。

輕煙之所以出現轉折，是因為受到上空暖空氣的影響。暖空氣和冷空氣混合是低氣壓發生的條件，結果就會造成天氣惡化。

蟬鳴歇止時，便是落雨時。

原理不明，但豪雨前往往突然聽不到蟬鳴，這是經過確認的現象。想想，或許蟬有什麼特殊能力也說不定。

出現朝霞是落雨；出現晚霞天就晴。

出現青色夕陽，就要起大風。

香菸乾燥時，天氣也會變好。

朝雨乍停，天氣晴。

早晨若是陰天，中午便放晴。

見早上彩虹即下雨，見傍晚彩虹隔日晴。

還有很多呢～

全國整頓、無人小徑都有路標

說到古代的一里塚（編按：標示道路里程的土塚），自然會想起設置在東海道等交通要道上的路標。一般都是以隆起的土堆或石頭、木牌做為標示。江戶初期，日本全國的里程碑經過整頓，不久後也增設了人煙罕至的小徑或山路上的路標。位置最常設置於岔路口；上面刻有目的地名和抵達目的地為止的距離。

影響年輪構造的因素

不同方位的年輪間隔寬度不同，最大的原因在於日照。樹木在日照下生長，一般來說南側的間隔會比北側寬疏。不過，在密集生長的樹林裡，每棵樹接收的日照程度都不好，年輪間隔也呈現幾乎均等的狀態。

此外，地面傾斜也會影響年輪間隔的狀況。即使生長在斜面上，樹木還是會本能地朝天際筆直成長，如此一來，較低那一側就會更拚命生長，結果另一側的年輪間隔就容易變得比較寬。因此，若必須依賴樹木殘株上的年輪判別方位時，需同時注意周遭的地形及樹林的狀態。

導航關鍵字——山脊

江戶時代已鋪設完成供民眾越過箱根的道路——箱根八里，至今依然有名。另一方面，還可選擇沿著山峰與山峰間的山脊行走的舊路——湯坂路。雖然高低起伏，走起來很吃力，事實上這條路卻是相當安全。

不管是哪一座山，山脊部分的日照一定最充足。而且山脊上視野開闊清楚，在山路迷失方向時，最重要的就是先找到山脊。比起登山，下山時的道路更容易迷路，在焦慮中一心只想衝下山的人，往往就這麼衝到山崖或山谷處。即使下山的路程，一旦發現迷失方向時，最好先登上山脊，如此一來，就能找到連結山脊與山脊的小路了。

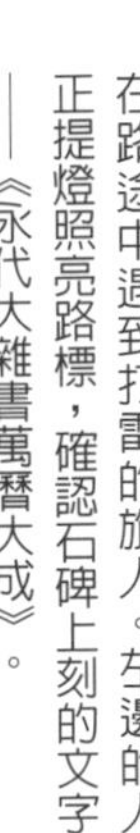

在路途中遇到打雷的旅人。左邊的人正提燈照亮路標，確認石碑上刻的文字——《永代大雜書萬曆大成》。

進入江戶時代後，這種典型的山賊數量減少許多——《萬歲雜書》。

用抹布擦拭走廊，就是一種全身運動。
尤其能夠加強鍛鍊腹肌喔！
咻咻

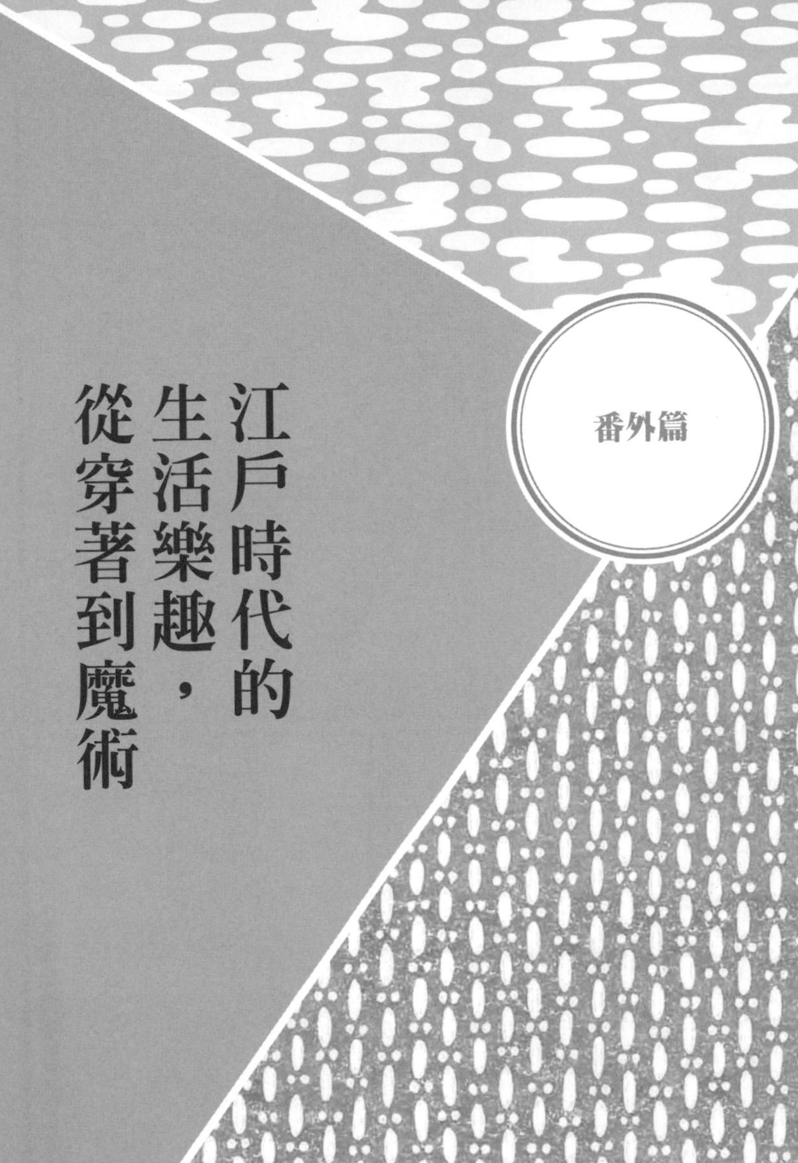

番外篇

江戶時代的生活樂趣，從穿著到魔術

接下來要介紹的，雖然不是實用知識，卻是不可不知的江戶時代生活樂趣。

在江戶時代穿和服，可未必是這樣的喔！
每個時代都有自己流行的造型嘛～

穿著寬鬆的和服外褂，腰上繫著的是柔軟的兵兒帶*。
過長的部分也不會在腰部做內折，任憑衣擺拖地。
內折
拖地
這樣可是會被和服老師罵的～
現在根本不敢想像……！

需要活動時，就從後方將過長的衣擺綁起來。
就像這樣
還有人會以妨礙行動為由，不綁上腰帶，只用一條細帶綁在腰上。
像現代的內褲外露那樣？
像這樣露出色彩鮮豔的襯褲，也是一種爭奇鬥豔的流行。

而且人們在家時，都是像這樣懶散地躺著打滾呢！
江戶給人的印象，雖然有些死板，其實人們過得相當輕鬆啊！
慵——懶
基本上都是盤腿坐
甚至連正坐的姿勢都不常看見。

*編按：和服中較輕便簡易的腰帶，質地柔軟、寬幅。

夏天從澡堂回家時穿的浴衣，大概就是這種感覺。
好性感喔！
頭髮大概都是一個月洗一次
風呂敷（包袱巾）※原本的用途，就是上澡堂時使用的，所以才這麼命名。
上澡堂用的？
這個、這個
手巾
早期的澡堂都是蒸氣浴，所以風呂敷真正的用途——鋪在地上坐的。
真是一舉兩得耶！
穿著男人用的木屐，強調「我有男人」。

※譯按：風呂敷為日文漢字，也就是包袱巾。其中「風呂」為入浴之意。

風呂敷有著各式各樣的花色。
我會拿來當成包包使用。不同的打結方法，可以繫出不同形狀的包包，很好用呢！
好可愛喔～
真好～
最近，人們重新發現了風呂敷的好處，開了不少專門店喔！
與其使用紙袋，用這個更環保，而且很可愛！

風呂敷包包的打結法
打結
這裡穿過去
手臂從
這個很簡單！

還有，搬運瓶子時也很好用。
不需要這種紙袋了！
在這附近打結

下一頁，將介紹各種風呂敷的打結法，請務必嘗試看看。
讓我瞧瞧

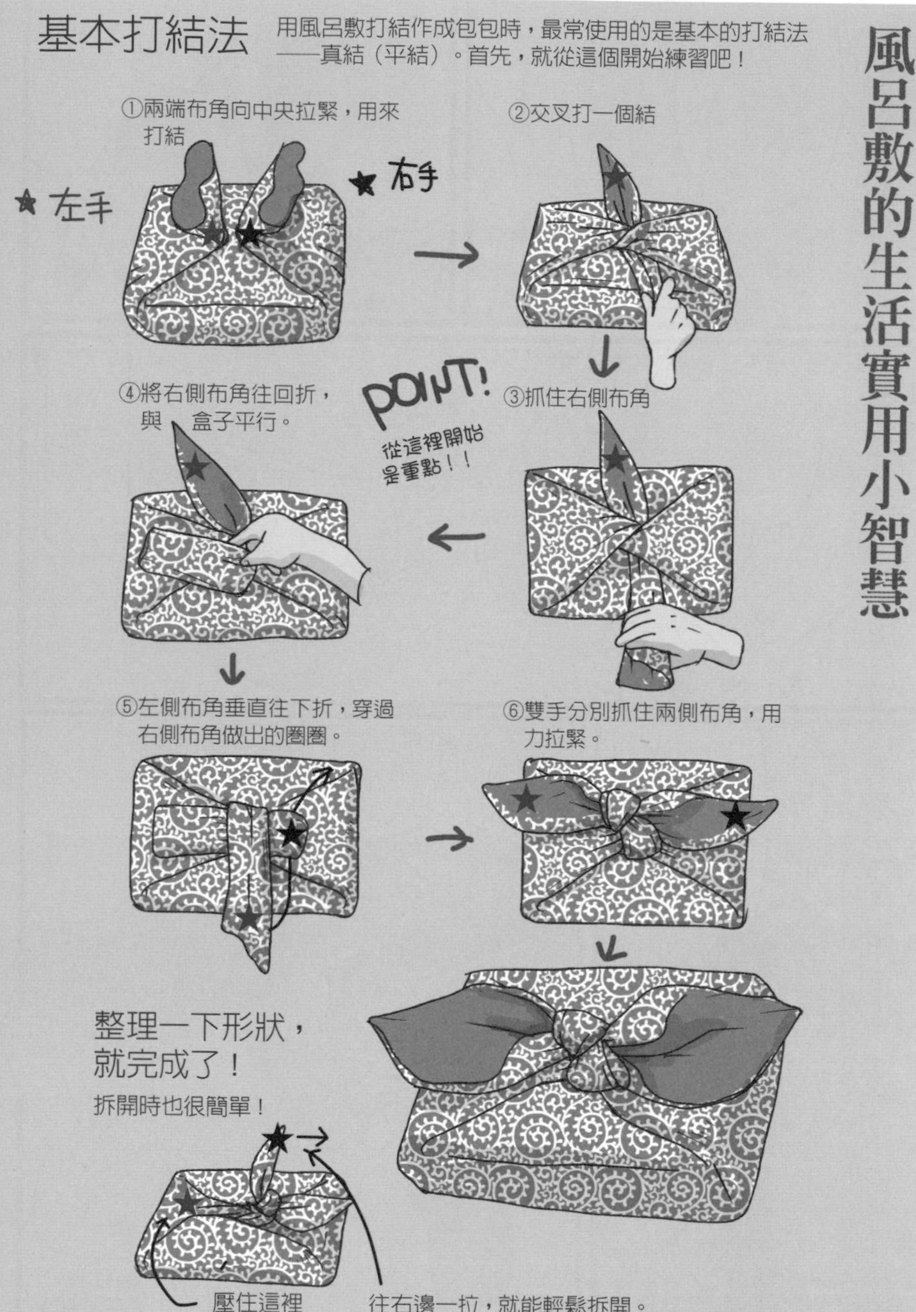
風呂敷的生活實用小智慧
基本打結法
用風呂敷打結作成包包時，最常使用的是基本的打結法——真結（平結）。首先，就從這個開始練習吧！
①兩端布角向中央拉緊，用來打結
★左手
★右手
②交叉打一個結
③抓住右側布角
POINT!
從這裡開始是重點！！
④將右側布角往回折，與盒子平行。
⑤左側布角垂直往下折，穿過右側布角做出的圈圈。
⑥雙手分別抓住兩側布角，用力拉緊。
整理一下形狀，就完成了！
拆開時也很簡單！
壓住這裡
往右邊一拉，就能輕鬆拆開。

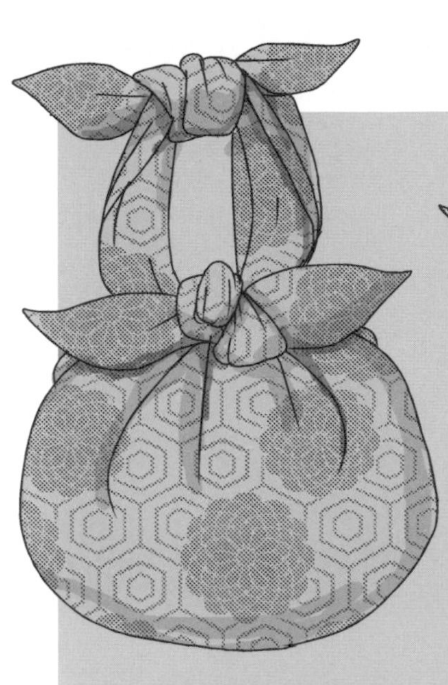

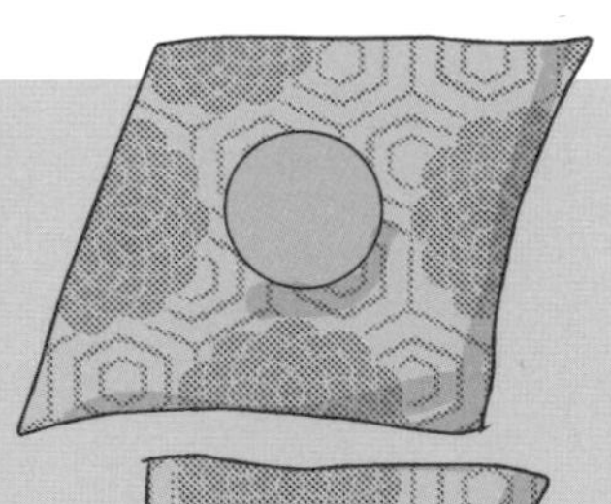

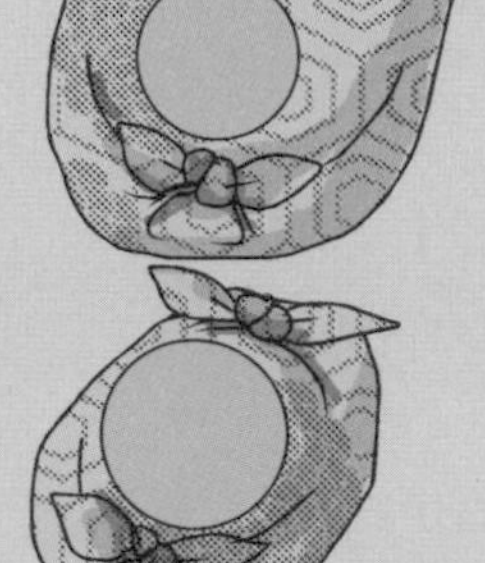

西瓜結法

最適合用來裝球形物體。兩側各打一個真結，將其中一側的真結，從另一側真結中穿過即可。雖然很簡單，但是外型很可愛。

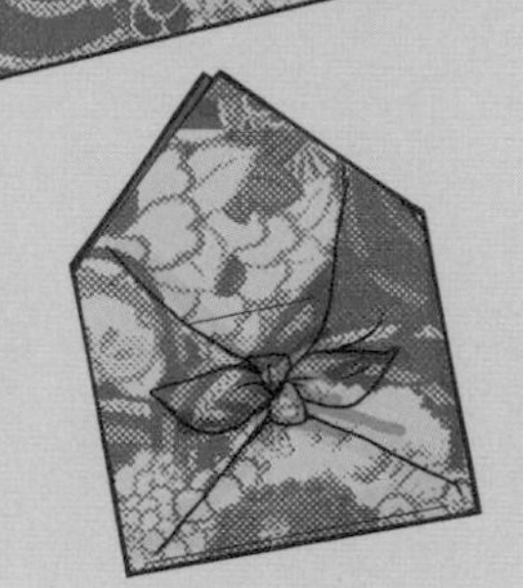

書包型結法

非常適合用來裝扁平的文件或書籍等。在連結風呂敷兩側的對角線上，放入想裝的東西後再打結就好。放進去的時候，三角形的底邊和裝入的東西底邊重疊，就能包得好看。

世界盛名的和服

自古以來，在世界享有盛名的日本傳統服飾——和服。江戶前期時，歐洲諸國已經認識和服，並以「KIMONO」稱之。現在和服給人的印象，更是色彩鮮豔的日本禮服。前往歐美旅遊時，若在當地附庸風雅地穿上和服，那可不得了。不但會被包圍起來擅自拍照，還可能因此誤以為自己成為什麼名流人士了呢！

前帶是什麼？

一般來說，和服腰帶都是在背後打結的。可是，在和服腰帶的歷史上，原本也可以在身前或身側打結。愈到江戶時代後期，愈常見到已婚的年長女性，將腰帶打在前方，這就被稱為前帶。因為隨著年齡增長，手臂很難伸到背後打結，索性就把腰帶往前方打結了。

不過，曾有過年輕的已婚女性、將腰帶結打在前方的時代，但因為會妨礙做家事時的行動，這種流行很快地就衰退了。

相反地，不用做家事的遊女（娼妓）便理所當然地繫起了前帶。光從一個腰帶，也能看出個人際遇的不同。

和服袖子變長的原因

短袖和服（留袖），主要是已婚者的穿著。相對地，未婚者穿著的長袖和服（振袖），則是進入江戶時代後開始普及。同樣在江戶時代，中長度的和服袖子漸漸演變為長袖，於是和服的袖子愈變愈長。

袖子愈長愈會妨礙行動，在日常生活中穿著振袖和服是很不方便的。但即便如此，和服袖子還是演變得愈來愈長，到底是為什麼呢？

有個說法是，當時人們流行學習才藝，許多家庭都送女兒去學跳日本舞。跳日本舞的時候，必須穿上振袖和服才能優雅舞袖，因此和服袖子才會愈來愈長。

圖中老奶奶的和服腰帶，是繫在身前。老奶奶因為佛壇上供奉的祭品被老鼠搗亂了，正手忙腳亂著——《永曆雜書天文大成綱目》。

兩位女性正在對局「盤雙六」（編按：日本傳統的桌上遊戲）。左邊的女子穿著振袖和服；右邊的女子則穿著留袖和服。右邊的女子手上拿的是骰子筒——《都會節用百家通》。

出世相
鼻梁挺直、
膚色白皙、
雙眼皮、
丹鳳眼、
薄唇、
下唇稍微突出
換成現代大概像這樣？
是個帥氣的女生呢！
出世相

江戶時代流行的事物中，面相術也是其中之一。
面相？

美人相
美人相
美人尖，
膚色白皙有光澤，
鼻梁挺直、
櫻桃小嘴。

像占卜那樣嗎？
沒錯。
很多都很厲害喔，讓我們來看看吧！
臥蠶大的人比較色，像這樣嗎？

懶人相
一字眉、雙眼皮。
厚斗，嘴巴歪斜。

下賤相
好過分的名字……
鼻梁低、鼻頭隆起。
大下巴，眉間有皺紋。

淫亂相
柳眉，明顯的雙眼皮。
魚尾紋、鷹勾鼻，
看起來好色。

好驚人——！
啊哈哈哈
如果巧合發現自己符合哪個面相，也不要火大喔～
這種占卜搬到現代來，會觸怒人吧……

對了，這是在這本江戶時代出版的雜學書中提到的。
喔喔～！

我是第一次摸到線裝書耶！
真、真的可以摸嗎？
どーーん
這種書現在還是很普通地在販售，所以沒問題啦！
喔，好厲害，從面相術到和算，網羅了各式各樣的內容呢！
和算？

*西田知己《江戶的算術》（全三集、汐文社）。

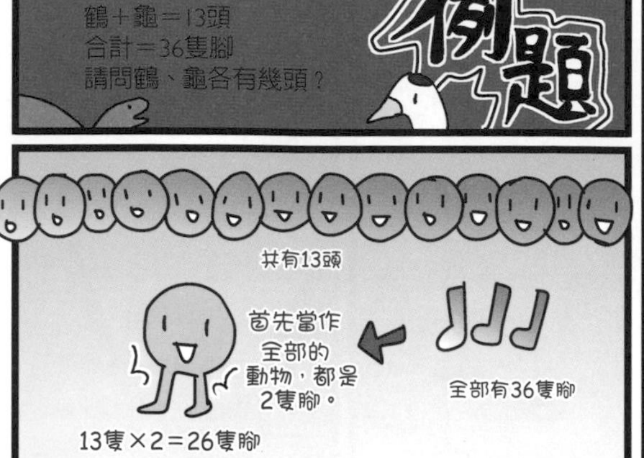

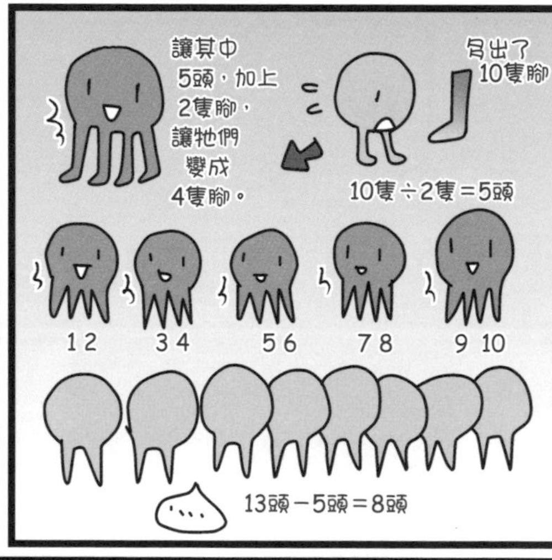

*編按：也就是雞兔同籠的算術問題。

說到江戶時代其他娛樂，就不可不提魔術呢～
魔術？
日式魔術被稱為「手品」，
手品又被稱為和妻或手妻。
＊西洋魔術則稱為「洋妻」。

在裝水的碗上，放一張紙。

把碗倒扣，水也不會流出來。
喔喔～！

用明礬寫上的字，乾了之後——

用火炙烤……
文字就浮現了！
小心火燭

像《天狗通》之類的書，都是當時暢銷的魔術書。
當時也已經有硬幣魔術了呢！
江戶時代其實有很多和現代共通的地方。
猜是哪邊？
可惜是這邊！

用和算測出晴空塔的高度

必須測量大型建築物或大樹的高度時，江戶時代的人們都是怎麼做的呢？

在和算中，首先會用圖形來思考。四肢著地、把自己的身體折成直角等邊三角形，並移動位置，直到剛好將預測量的建築物納入雙腿之間。

接著，測量從自己的位置到目標物的距離長度。

如果目標物很大，可以使用Google地圖（Google Map）。可以試著量量看，晴空塔是不是真的有六百三十四公尺吧？

和算的思考模式

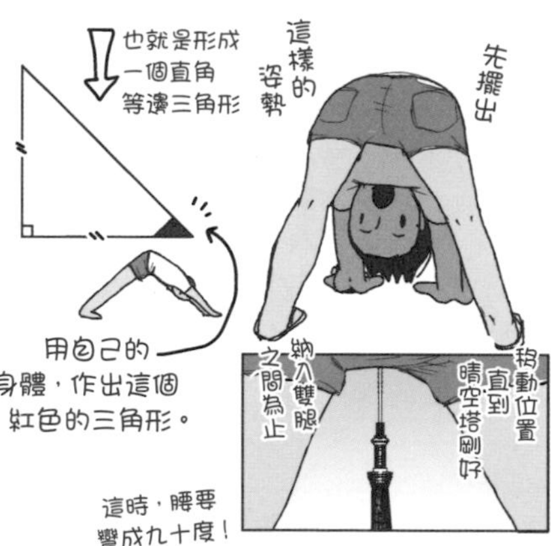

江戶時代的硬幣魔術

漫畫中也約略提過硬幣魔術。以下介紹的魔術，是從江戶時代的硬幣魔術中，選出幾個容易實際嘗試的。

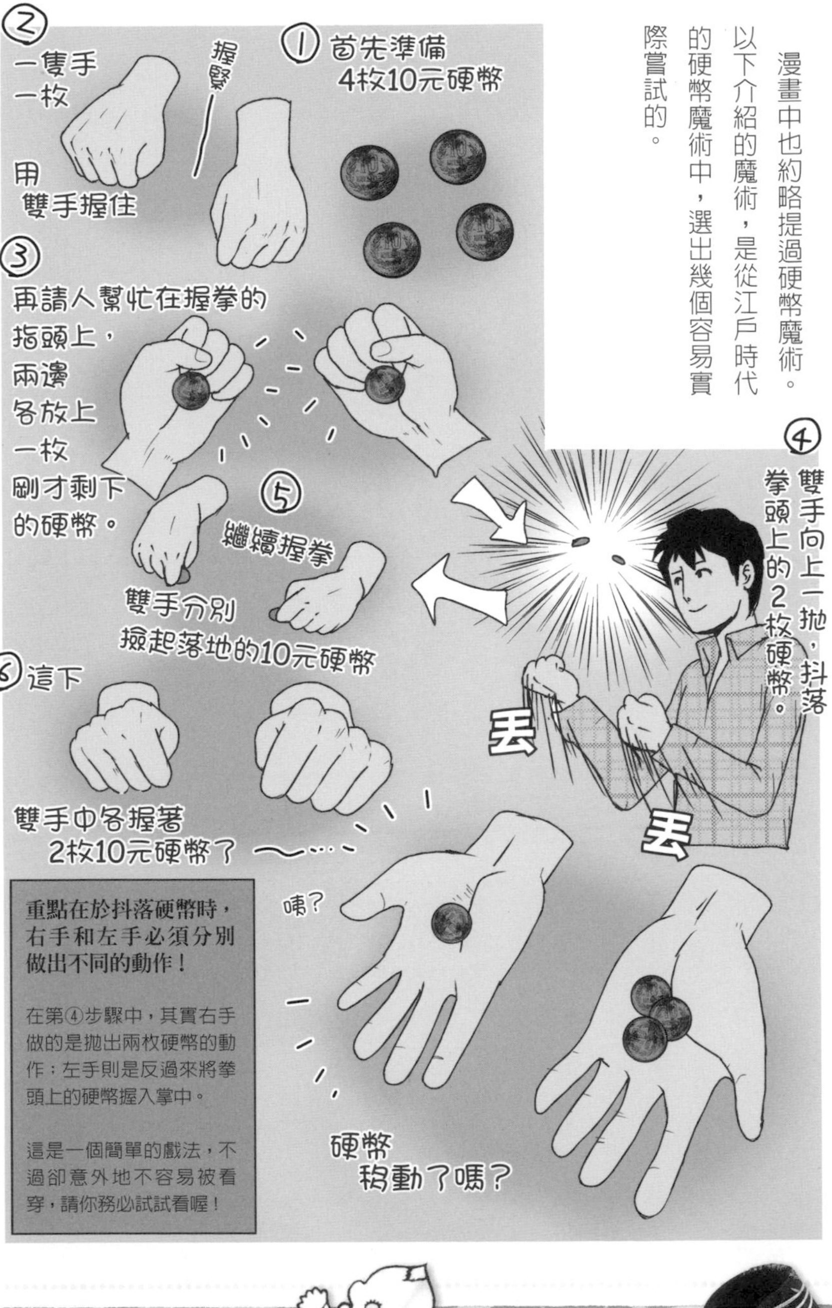

重點在於抖落硬幣時，右手和左手必須分別做出不同的動作！

在第④步驟中，其實右手做的是拋出兩枚硬幣的動作；左手則是反過來將拳頭上的硬幣握入掌中。

這是一個簡單的戲法，不過卻意外地不容易被看穿，請你務必試試看喔！

致力於玩樂的江戶人們

江戶社會的娛樂項目廣泛，光是記載於當時百科事例中的，就有圍棋、將棋、古董品蒐集等。除此之外，魔術及各種道具機關也相當受歡迎。雖然每個人相信的程度不同，但還是曾掀起一陣學習面相術與手相術的風潮。或許正因為當時是個太平盛世，不必為生活汲汲營營，人們也得以將活力投注於玩樂之中吧！

挑戰小町算

以美貌歌人（編按：日本傳統詩歌形式和歌的創作者）聞名的絕世美女——小野小町，曾經答應求婚的深草少將：「只要能風雨無阻地連續百夜造訪她，就願意下嫁」。然而就在少將連續造訪了九十九夜後，卻在第一百夜遺憾死去。和算中的小町算，典故就來自這個淒美的故事。

小町算屬於計算題，解題者需於並排的一到九數字間，加上加減乘等數學符號，使得計算結果正好等於一百。

以下是幾種實例：

12＋3＋4＋5－6－7＋89＝100

123＋45－67＋8－9＝100

有時題目也會要求計算結果是九十九。自己可以試著出題；有些小學至今仍用小町算當作教材。

好面相、壞面相

江戶時代人們的生活中，占卜所占的地位和現在相似。當然不是人人都對占卜結果深信不疑，更多時候人們只是把占卜當成閒談的話題，並未深信不移。

左頁下圖的面相圖，是幕府末期發行的雜學書中插畫。右邊的面相為吉相；左邊則為惡相。江戶後期，女性不只會做家事、學習才藝；見多識廣的女性人數更增加了不少。在這種時代下出版的書籍，描繪理想中女性的形象時，也就傾向健康聰穎，在各方面都有所成長的類型吧！

祈雨小町傳說之畫。小町受託為人間解除乾旱危機，當她開始以和歌與天上龍神對話時，轉眼間就下起了大雨——《女訓手習鏡》。

一眼就分得出吉凶的面相。除此之外，面相的種類豐富多彩，對惡相的評語多半毫不留情——《永代大雜書萬曆大成》。

［後記］

難以超越的江戶智慧

聽說常把「想當初……真好呀……」這句話掛在嘴上，就是初老的徵兆之一。或許是真的內心不再有熱情跟精力，努力跟隨世間潮流了也說不定呢！那麼，老是嚷著：「江戶時代真好！」又是出自什麼樣的心情呢？可能是內心深處懷著一點對現代社會的不滿，所以在心中過度美化了江戶社會也說不定了。

誕生於江戶時代的生活智慧堪稱無數，不過，對現代生活派得上用場的程度也有大有小。某些當時看起來非常方便的智慧，可能早已被後世開發出的嶄新創意所取代，這樣的例子更是不勝枚舉。

但是，除了這些已被近代社會超越的例子，如果是至今依然有效的情報或技術，應該就有一試的價值。正是這樣的想法，催生了這本《江戶時代的生活智慧》。

實際上，許多老祖宗的「智慧」甚至早於江戶時代。那真的稱得上是不受時代考驗，始終對人們有益的知識。另一方面，也有一些是江戶時代的

創意，卻到了明治時期之後，才受到矚目進而流行的。這些都可以廣泛定義為「江戶智慧」，並收錄於本書中。

以「江戶時代」統稱的時代，事實上前前後後也涵蓋了兩百六十年以上的時光。在這段時間裡，同樣一項「智慧」，可能遭到不同世代的人任意詮釋或改編，應用範圍也就愈發廣泛。由此看來，當時的人們非常擅長這類隨興改造的工夫，建議讀者也可以試著自行改造書中介紹的方法喔！

各主題最後的專欄所配上的兩幅插畫，皆出自江戶後期整理的各種百科事例集或雜學事例集。而且，這些插畫都是由我從自己的藏書之中所挑選。北齋或寫樂等名家大師的畫固然很好，但我更期盼讀者們能從這些出自無名繪師之手，卻耐人尋味的插畫中，發現幾許江戶之趣。

本書從構想階段開始，一路走來我與坂野小姐一直兩人三腳、互相扶持。編輯部的中野小姐，也提供我們許多協助。最後，我要在這裡向兩位致上發自內心的謝意。

Fantastic 10

江戶時代的生活智慧

飲食・節氣・養生・娛樂・防災，從圖解漫畫中感受江户文化的生活樂趣！

原著書名／江戸ちえ
原出版社／中経出版
作　　者／漫畫・坂野鈴子　監修・西田知己
譯　　者／邱香凝
企劃選書／何宜珍、魏秀容
責任編輯／呂美雲

版　　權／黃淑敏、翁靜如、吳亭儀
行銷業務／林彥伶、邱仁宏
總 編 輯／何宜珍
總 經 理／彭之琬
發 行 人／何飛鵬
法律顧問／台英國際商務法律事務所　羅明通律師
出　　版／商周出版
臺北市中山區民生東路二段141號9樓
電話：(02) 2500-7008　傳真：(02) 2500-7759
E-mail：bwp.service@cite.com.tw
發　　行／英屬蓋曼群島商家庭傳媒股份有限公司城邦分公司
臺北市中山區民生東路二段141號2樓
讀者服務專線：0800-020-299　24小時傳真服務：(02)2517-0999
讀者服務信箱E-mail：cs@cite.com.tw
劃撥帳號／19833503　戶名：英屬蓋曼群島商家庭傳媒股份有限公司城邦分公司
訂購服務／書虫股份有限公司　客服專線：(02)2500-7718；2500-7719
服務時間：週一至週五上午09:30-12:00；下午13:30-17:00
24小時傳真專線：(02)2500-1990；2500-1991
劃撥帳號：19863813　戶名：書虫股份有限公司
E-mail：service@readingclub.com.tw
香港發行所／城邦（香港）出版集團有限公司
香港灣仔駱克道193號超商業中心1樓
電話：(852) 2508-6231　傳真：(852) 2578-9337
馬新發行所／城邦（馬新）出版集團
Cité (M) Sdn. Bhd. 41, Jalan Radin Anum,
Bandar Baru Sri Petaling, 57000 Kuala Lumpur, Malaysia.
電話：(603)9057-8822　傳真：(603)9057-6622
商周出版部落格／http://bwp25007008.pixnet.net/blog
行政院新聞局北市業字第913號

封面內頁設計／林家琪
印　　刷／卡樂彩色製版印刷有限公司
總 經 銷／高見文化行銷股份有限公司　電話：(02)2668-9005　傳真：(02)2668-9790
■2015年（民104）03月31日初版
定　　價／340元
ISBN　978-986-272-761-4

國家圖書館出版品預行編目(CIP)資料

江戶時代的生活智慧／坂野鈴子漫畫；西田知己監修；邱香凝譯.
——初版.——臺北市：商周出版：家庭傳媒城邦分公司發行，民104.03
224面；14.8×21公分
譯自：江戸ちえ　ISBN　978-986-272-761-4（平裝）1.江戶時代 2.生活史 3.日本史 4.漫畫
731.26　　104002401